Die Sorben in der Lausitz

Domowina-Verlag

Titelbild:
Mädchen in Brautjungferntracht zur Fronleichnamsprozession in Radibor

Rückseite:
Gurkenverarbeitung im Spreewald

Bildnachweis:
Fotos: Gerald Große
S. 27, Sorbisches Institut
S. 39, Karte, © Institut für Länderkunde e. V., Leipzig
S. 49, Maja Nagel, © VG Bild-Kunst, Bonn 2003

ISBN 3-7420-1931-7

2., stark bearbeitete Auflage 2003

Ludowe nakładnistwo Domowina, Bautzen 1992
Gefördert durch die Stiftung für das sorbische Volk
Lektorin: Lucia Böhme
Gestaltung: Isa Brützke
Druck und Binden: Druckerei zu Altenburg

1/1177/03

Inhalt

Folklorefestival in Crostwitz

Typisch Sorbisch?

»Erst nach Jahren habe ich mich getraut, mich in meinem Bautzener Freundeskreis als Sorbin zu outen«, sagt eine 30-Jährige, die in einem Dorf unweit von Bautzen zu Hause ist. Und die Reaktion der Freunde? »Das kann doch nicht sein, du bist doch ganz normal.« Normal ist an dieser jungen Frau unter anderem, dass sie die sorbische Tracht nur zu besonderen Anlässen trägt, zu Fronleichnam etwa oder als ihre Schwester nach traditioneller sorbischer Art in Tracht geheiratet hat.

Was ist eigentlich »typisch sorbisch«? Sorben unterscheiden sich nicht sichtbar von der weiteren Bevölkerung der Lausitz. Denn mit Sicherheit ist der Sorbe nicht ständig am Feiern seiner Bräuche, wie oftmals vereinfachend dargestellt, sondern sorgt zunächst um sein täglich Brot wie jeder andere. Dies brachte mit Einzug der neuen gesellschaftlichen Bedingungen nach der politischen Wende 1989/90 einige zuvor nicht gekannte Probleme mit sich. Die Abwanderung ganzer Familien wegen Arbeit und von Jugendlichen auf der Suche nach einem Ausbildungsplatz wirft die Frage auf: Wird die in der Lausitz verbliebene sorbische Sprachgemeinschaft genügend Kraft aufbringen, um zu bestehen? Jeder Einzelne in die Fremde Abgewanderte hinterlässt eine spürbare Lücke in diesem kleinen Volk, die nicht zu ersetzen ist.

Doch die sorbische Gemeinschaft lebt. Es sind nicht nur diejenigen Ereignisse, die für Touristen interessante »feste Größen« im sorbischen Jahreskulturkalender sind, wo sich Sorben als Sorben fühlen. Das sorbische Leben hat viele Fassetten, alltägliche wie festliche. Noch immer finden die Osterreiterprozessionen ausschließlich am Ostersonntag statt. Es wäre nicht mit Geld zu bezahlen, eine solche Prozession zu einem anderen Termin im Laufe des Jahres für Touristen zu bestellen. Für die Osterreiter ist es keine Schau, sondern Teil des sorbischen Alltags – für sie selbst, ihre Familien und die Einheimischen.

Sicherlich, so mancher ist sorbischen Traditionen verbunden, jedoch der Sprache seiner Vorfahren nicht mächtig. Dies trifft vielfach für Sorben in der Niederlausitz um Cottbus, in der Mittellausitz in den Gegenden um Hoyerswerda und Schleife sowie rings um Bautzen zu. In Dörfern der katholischen Pfarrgemeinden innerhalb des Dreiecks Bautzen–Kamenz–Wittichenau, dem sorbischen Kerngebiet, ist man Sorbe vor allem aufgrund der Sprache. Sie wird in der Familie, in Kirche und im Dorf angewandt; wenn es sorbische Kollegen gibt, dann auch auf der Arbeit. Nur in Crostwitz und Ralbitz/Rosenthal wird auf den Gemeinderatssitzungen sorbisch gesprochen, aber die Anwendungsmöglichkeiten für das Sorbische im öffentlichen Bereich sind eng bemessen. Man lebt hier nicht isoliert vom deutschen Nachbarn. Meist geht ein Gespräch ins Deutsche über, sobald sich jemand hinzugesellt, der nicht sorbisch spricht. Über diese Praxis hat man sich bislang, sowohl auf sorbischer als auch auf deutscher Seite, zu wenig gewundert.

In letzter Zeit ist jedoch allmählich eine neue Sensibilität für die sorbische Sprache als Seele der Lausitz und als wichtiges Identität stiftendes Merkmal erwacht. Für die Zukunft des Sorbischen ist es ein ermutigender Aspekt in der Nachwendezeit, in der ein sprachenfreundliches Klima von der europäischen Politik gefördert wird. Die Sorben nutzen die Gunst der Zeit. Neben der Pflege ihrer traditionellen Beziehungen zu anderen slawischen Völkern nehmen sie Kontakte zu nationalen Minderheiten in Westeuropa auf und tauschen Erfahrungen über die Bemühungen um den Fortbestand ihrer bedrohten Sprachen aus.

Ein Ergebnis gezielter Arbeit ist auch, dass sich seit 1998 bislang etwa 400 deutsch- und gemischtsprachige Elternhäuser bewusst entschieden haben, die Sprache ihrer Groß- oder Urgroßeltern nicht dem Vergessen zu überlassen. Ihre Kinder werden im Projekt WITAJ im Kindergarten mit Sorbisch praktisch als zweiter Muttersprache erzogen. Das Wort WITAJ bedeutet WILLKOMMEN und ist ein Angebot an alle, bereits im frühesten Kindesalter spielend Sorbisch zu lernen. Die Erzieherin benutzt im Umgang mit dem Kind nur die sorbische Sprache, denn WITAJ beruht auf dem Prinzip »eine Sprache – eine Person«. Für dieses

Mädchen in Schleifer Kindertracht

Projekt haben sich die Verantwortlichen unter anderem Erfahrungen der Bretonen in Frankreich zunutze gemacht, deren Sprache sich in einer ähnlichen Minderheitensituation befindet.

Die im Vorschulalter – ob in der Familie oder im Kindergarten – erworbenen Kenntnisse beider Sprachen müssen in der schulischen Ausbildung altersgemäß entwickelt werden. In der Schullandschaft der Kreise Bautzen und Kamenz sind die Bedingungen dafür günstig. Aus den seit Anfang der 1950er Jahre bestehenden sechs sorbischen polytechnischen Oberschulen, an denen es bis zur zehnten Klasse Schulausbildung in Sorbisch als Muttersprache gab, wurden nach der Wende sechs sorbische Grund- und Mittelschulen. Aus den Sorbischen erweiterten Oberschulen in Bautzen und Cottbus, die bis zum Abitur führten, wurden das Sorbische bzw. Niedersorbische Gymnasium. In der Niederlausitz konnte jedoch auf keinen sorbischen muttersprachlichen Unterricht aufgebaut werden. Daher war es ein Ereignis von historischer Bedeutung, als im Herbst des Jahres 2001 die ersten sieben WITAJ-Kinder in Cottbus-Sielow eingeschult wurden, die in niedersorbischer Sprache lesen, schreiben und rechnen lernen. So auch erstmals in der sächsischen Oberlausitz in den Orten Schleife und Hoyerswerda. Hier sowie an den sechs sorbischen Grundschulen in Panschwitz-Kuckau, Räckelwitz, Crostwitz, Ralbitz, Bautzen und Radibor wird eine Konzeption der zweisprachigen sorbisch-deutschen Grundschule erprobt. Ziel ist es, alle Schüler zu aktivem sorbischen Sprachgebrauch zu befähigen.

Ein weiterer Grund für den eingeschlagenen neuen Weg ist das Bemühen, die sorbischen Schulen als öffentliche Einrichtungen zu erhalten. Das ist schwierig, weil sie ungeachtet ihrer besonderen Bedeutung für den Erhalt der Sprache dieselben Schülerzahlen aufzuweisen haben, wie für Schulen in Sachsen allgemein gefordert wird. Ausnahmen bestehen bei den Grundschulen. Im Jahre 2001 wurde die schrittweise Schließung der Sorbischen Mittelschule Crostwitz eingeleitet, wo man auch auf dem Schulhof ausschließlich Sorbisch hört. Die sächsische Staatsregierung dokumentiert damit, dass sie sorbischen Schulen keine Garantie auf Schutz als Institution gewährt. Das Aufbäumen der Betroffenen und ihrer Unterstützer gegen das Auftrennen des bestehenden sorbischen Schulnetzes gipfelte im Crostwitzer Schulstreik 2001, der in den Medien weltweit wohlwollende Aufmerksamkeit erregte. Er sensibilisierte für den Gedanken, dass eine kleine Sprache nur dann eine Chance auf Entwicklung hat, wenn sie in möglichst vielen Lebensbereichen genutzt werden kann.

Stützpunkte für die Entwicklung der sorbischen Sprache, Kultur und Wissenschaft in der Öffentlichkeit zu schaffen – das war vor mehr als fünfzig Jahren Hintergrund für die Gründung einer

Blick auf Ostro in der Oberlausitz

Reihe von Institutionen. Die Auswirkungen der Assimilationspolitik, die über Jahrhunderte in Sprachverboten und Benachteiligung des Sorbischen bestanden hatte, sollten damit eingegrenzt werden. Im Domowina-Verlag erscheinen seither sorbische und sorbenkundliche Literatur, die obersorbische Tageszeitung Serbske Nowiny, die niedersorbische Wochenzeitung Nowy Casnik und das monatlichen Kulturjournal Rozhlad und werden auch Lehrbücher und Lehrmaterialien verlegt. Für die evangelischen Sorben erscheint die Zeitschrift Pomhaj Bóh, für die katholischen der Katolski Posoł. Im 2001 gegründeten WITAJ-Sprachzentrum sind Ressourcen gebündelt, die auf dem Gebiet des Spracherhalts und der -entwicklung tätig sind. Dort werden auch Lehr- und Lernmittel für den Sorbischunterricht in Sachsen und Brandenburg sowie für Fächer, die in sorbischer Sprache unterrichtet werden, entwickelt. Das Sorbische Institut in Bautzen als außeruniversitäre

Forschungseinrichtung betreibt Grundlagenforschung auf den Gebieten Sprachwissenschaft, nationale Minderheiten, empirische Kulturforschung, Volkskunde und Geschichte; es beherbergt die sorbische Zentralbibliotek und das Kulturarchiv. Das Deutsch-Sorbische Volkstheater spielt als einziges Theater Deutschlands in zwei Sprachen. Das Sorbische National-Ensemble gilt mit seinen professionellen Darbietungen sorbischer Folklore im In- und Ausland als Botschafter sorbischer Kultur. In Bautzen und in Cottbus präsentieren das Sorbische und das Wendische Museum die sorbische Geschichte. Neben den jeweiligen spezifischen Aufgaben haben alle Institutionen ebenso wie Kirche, Schulen und weitere öffentliche Einrichtungen, in denen die sorbische Spra-

Spreewaldidylle mit Fließ und Heuschober

che lebt, ihre psychologische Bedeutung für das Selbstverständnis der Sorben als Volk. Allerdings konnten nach der politischen Wende nicht alle Einrichtungen erhalten bleiben. Die obersorbische Sprachschule für Erwachsenenbildung in Milkel, das Haus für sorbische Volkskultur und das Sorbische Lehrerbildungsinstitut wurden abgewickelt.

Für die Finanzierung der genannten Institutionen sowie weiterer Projekte des sorbischen Kulturlebens ist die Stiftung für das sorbische Volk verantwortlich. Jedoch wurden ihr die Mittel wiederholt gekürzt. Doch die Förderung der Sorben ist keine Kulturförderung im Sinne von Folklore. Es geht um den Erhalt der Lebenskraft eines autochthonen Volkes ohne Mutterland. Das politische Bemühen um die Sicherung einer Grundausstattung in diesem Sinne steht daher immer auf der Tagesordnung. Diesen Auftrag stellt sich die Domowina, die seit 1991 als Dachverband der sorbischen Vereine e. V. organisiert und als politische Interessenvertreterin der Sorben agiert. Ihre Partner bei der Verwirklichung sorbischer Belange sind die Verantwortlichen für sorbische Angelegenheiten in den Landratsämtern des sorbischen Siedlungsgebietes und ehrenamtliche Sorbenbeauftragte in den Kommunen. Auf Länderebene wurden bei den Landtagen Sachsens und Brandenburgs Räte für sorbische/wendische Angelegenheiten etabliert.

Das »typisch Sorbische« erschöpft sich nicht nur in der Bewahrung von Bräuchen und Traditionen, sondern es entwickeln sich neue Aspekte des sorbischen Lebens. Seit 2001 werden zusätzlich zu den bereits bestehenden täglichen vierstündigen Rundfunksendungen eine obersorbische und eine niedersorbische Jugendradiosendung pro Woche ausgestrahlt; moderne Musikgruppen, die auch in sorbischer Sprache singen, sind entstanden. Ein kultureller Höhepunkt ist das seit 1995 in zweijährigem Rhythmus in Crostwitz stattfindende internationale Folklorefestival. Dem guten Beispiel des ORB-Fernsehens seit 1992, monatlich ein halbstündiges Magazin in niedersorbischer Sprache auszustrahlen, folgt seit dem Jahr 2001 auch das MDR-Fernsehen mit seinem obersorbischen Magazin. Das sorbische Cyberdorf (www.internecy.de) wird genutzt, um sich über Aktuelles auszutauschen.

Am wichtigsten für den Erhalt der sorbischen Sprache ist, dass sie gesprochen, gehört und gelesen wird, und zwar täglich. Der sächsische Staatsminister für Wissenschaft und Kunst a. D. Hans Joachim Meyer sprach vor Kommunalpolitikern des sorbischen Siedlungsgebietes seinen Wunsch aus, dass die Zweisprachigkeit von mehr deutschen Lausitzern als gemeinsamer kultureller Reichtum erkannt wird. Die Sorben sind gemeinsam mit ihren Partnern bemüht, dass sich in dieser Richtung in der Lausitz noch mehr bewegt.

Božena Paulik

Zur Geschichte der Sorben

Besiedelung und Christianisierung

Die Anfänge der sorbischen Geschichte reichen bis in die Zeit der großen Völkerwanderung zurück. In der ersten Hälfte des 6. Jahrhunderts verließen größere Stammesteile ihr ursprüngliches Siedelgebiet nördlich der Karpaten zwischen Oder und Dnepr und zogen nach Süden und Westen. Einige Stämme ließen sich nördlich des Erzgebirges im Elbe-Saale-Gebiet nieder, andere gelangten durch die Mährische Pforte ins Odertal sowie in die Lausitz. Teilweise trafen die Einwanderer auf germanische Bevölkerungsreste, die sich jedoch im Laufe kurzer Zeit assimilierten.

Die etwa 20 sorbischen Stämme besiedelten ein Gebiet mit einer Fläche von ca. 40 000 km^2. Es reichte im Westen bis an die Saale, im Osten wurde es von den Flüssen Oder, Queis und Bober, im Süden vom Erz- und Fichtelgebirge begrenzt und im Norden erstreckte es sich bis zur Linie Frankfurt/Oder, Jüterbog und Zerbst.

Etwa 100 Jahre später traten die Sorben erstmals ins Licht der schriftlichen Überlieferung. Der fränkische Chronist Fredegar berichtete zum Jahre 631, dass Derwan, Fürst eines zwischen Saale und Mulde siedelnden Stammesverbandes der »Surbi«, vom Frankenkönig Dagobert abgefallen wäre und sich dem in Böhmen und Mähren entstandenen Reich des Samo angeschlossen hätte. Neben diesem Großstamm, auf den die Namensgebung Sorben zurückgeht und der über 50 Burgbezirke verfügte, zählten die Milzener in der Ober- und die Lusizer in der Niederlausitz mit jeweils 30 Burgbezirken zu den wichtigsten sorbischen Stämmen. Hauptzweige der Wirtschaft waren Ackerbau und Viehzucht, ergänzt durch Fischfang, Jagd und Bienenzucht. Eine alte Handelsstraße, die durch das Siedlungsgebiet führte, verband die sorbischen Stämme mit West- und Osteuropa und erstreckte sich bis nach Arabien und Byzanz.

Die ersten Jahrhunderte nach der Landnahme verliefen relativ friedlich. Doch seit dem Ende des 8. Jahrhunderts mehrten

Slawischer Burgwall in Ostro

sich kriegerische Auseinandersetzungen mit den benachbarten fränkischen und sächsischen Stämmen, in deren Verlauf einzelne sorbische Stämme zeitweilig militärisch unterworfen wurden. Doch erst im 10. Jahrhundert neigte sich die Waage zugunsten des 919 unter König Heinrich I. entstandenen frühfeudalen deutschen Staates, der den Sorben, die sich erst in der Phase des Übergangs von der militärischen Demokratie zur Klassengesellschaft befanden, technisch und zahlenmäßig überlegen war. Trotz erbitterter Gegenwehr verloren die Lusizer 963 und die Milzener 990 ihre politische und ökonomische Unabhängigkeit. Eine eigenständige Entwicklung war von nun an nicht mehr möglich.

Mit der militärischen Eroberung durch den deutschen Staat ging die Christianisierung der sorbischen Gebiete einher. Bereits 948 entstand das Bistum Brandenburg, 968 folgte dann die Gründung der Bistümer Merseburg, Zeitz, Naumburg und Meißen sowie des Erzbistums Magdeburg. Bald erfasste ein Netz von Kirchen das gesamte sorbische Siedlungsgebiet. Es erfolgte eine kulturelle, politische und ökonomische Einbeziehung der Sorben ins deutsche Reich, während sich Sprache, Brauchtum und Lebensweise weiter eigenständig behaupten konnten.

Das änderte sich seit der Mitte des 12. Jahrhunderts, als ein massenhafter Zuzug bäuerlicher Siedler aus Flandern, Sachsen, Thüringen und Franken in das durch die zahlreichen Kriegszüge verödete Land östlich von Saale und Elbe einsetzte. Etwa 200 000 Menschen zogen damals ins sorbische Siedlungsgebiet. Das führte besonders in den westelbischen Gebieten zu einem Übergewicht der deutschstämmigen und damit zur baldigen Assimilation der sorbischen Bevölkerung. Dazu trugen rechtliche Unterschiede zwischen Deutschen und Sorben ebenso bei wie generelle Sprachverbote. Kein Sachse möge eines Wenden Urteil leiden, und Wenden, die vor Gericht schon einmal deutsch gesprochen hätten, müssten dies auch zukünftig tun, heißt es sinngemäß im »Sachsenspiegel«, einem Rechtsbuch aus dem 13. Jahrhundert. Bereits 1293 wurde die sorbische Sprache in Bernburg/Saale vor Gericht verboten, Ähnliches geschah 1327 in Altenburg, Zwickau und Leipzig, 1424 in Meißen.

Anders war es in beiden Lausitzen. Diese Gebiete wurden lediglich an der Peripherie von der Kolonisation erfasst, durch einen inneren Landesausbau konnte sich das sorbische Element hier sogar weiter festigen. Hinzu kam die besondere Landesverfassung der beiden Markgraftümer Ober- und Niederlausitz. Diese waren, obwohl ein ständiges Streitobjekt der Territorialmächte Meißen, Brandenburg oder Böhmen, niemals Sitz einer selbstständigen Landesherrschaft und straff geleitete, zentral verwaltete Territorien. Hier dominierten partikulare Kräfte – Klöster, adlige Herrschaften und Rittergüter sowie größere Städte –, die zunächst keinerlei Interesse an einer Zurückdrängung oder gar Beseitigung des Sorbischen hatten. Das alles bewirkte, dass die Nachfahren der sorbischen Altsiedler bis in die heutige Zeit ihre Nationalität behaupten konnten.

Kolonisation und innerer Landesausbau förderten in beiden Lausitzen Stadtgründungen oder die Umgestaltung frühstädtischer Siedlungen nach neuem Stadtrecht. In den aufblühenden Städten verfügten Sorben entgegen landläufiger Meinung über wirtschaftliche Macht und gesellschaftliches Ansehen. Ihnen war – trotz vereinzelt ausgesprochener Verbote – durchaus ein Zugang zu allen Handwerkerzünften möglich, ebenso wie sie ohne größere Schwierigkeiten das Bürgerrecht erwerben konnten. Kleinere Städte wie Weißenberg, Wittichenau, Hoyerswerda, Lübbenau, Muskau oder Vetschau waren fast ausschließlich von Sorben bewohnt. In Luckau betrug ihr Anteil die Hälfte, in Bautzen ein Drittel. Lübben, Calau, Storkow und Cottbus wurden Jahrhunderte hindurch als »wendische« Städte betrachtet.

Reformation und Schrifttum

Die Reformation löste einen Kulturwandel aus, der für die Entfaltung und das Aufblühen der sorbischen Kultur von entscheidender Bedeutung war. In ihrem Ergebnis wurden ca. 90 Prozent der Sorben protestantisch. Lediglich in den Gebieten, die dem Kloster Marienstern und dem Bautzener Domstift unterstanden, blieb die Bevölkerung – und das bis auf den heutigen Tag – katholisch. Weitaus wichtiger als die konfessionellen Auseinandersetzungen waren durch die Reformation verkündete Forderungen wie Anwendung der Muttersprache im Gottesdienst oder Durchsetzung eines neuen Bildungskonzepts. Das führte zur verstärkten Ausbildung sorbischer Prediger, zur Gründung sorbischer Schulen, zum Entstehen eines sorbischen Schrifttums und zum Druck sorbischer Bücher für den Kirchen- und Schulgebrauch.

Um den Bedarf an sorbischen Pfarrern zu sichern, erließen die Landstände der Oberlausitz bereits 1538 eine Ordnung, mit der sie Sorben zum Theologiestudium aufriefen und das Studium auch finanziell unterstützten. Das hatte Erfolg. Allein zwischen 1538 und 1546 studierten in Wittenberg vierzig junge Sorben. An der Universität in Frankfurt (Oder) wurde um 1550 damit begonnen, sorbische Sprachübungen abzuhalten. Diese

Übungen, die ersten an einer deutschen Universität, lassen sich bis 1656 nachweisen. Schließlich wurde 1575 in Göda bei Bautzen eine sorbische Lateinschule gegründet, die junge Sorben zum Besuch der Fürstenschulen vorbereiten sollte. Alle diese Bemühungen, hauptsächlich getragen von der niederen sorbischen Geistlichkeit, können als Versuche gewertet werden, das Sorbische zu erhalten und die sorbische Sprache auf die Stufe einer Schriftsprache zu heben. Sie stellen erste Ansätze eines nationalen Bildungsprogramms dar.

Alte Schriften aus dem Wendischen Museum in Cottbus

Bereits 1548 übersetzte Mikławš Jakubica das Neue Testament ins Sorbische. Doch infolge fehlender finanzieller Mittel blieb das Manuskript ungedruckt. Das gleiche Schicksal widerfuhr auch der wenige Jahre zuvor beendeten Übersetzung einer »Wendischen Taufagende« des Zossener Pfarrers Mjertyn Rychtar. Dieses 1534 fertig gestellte Manuskript ist das älteste Zeugnis der sorbischen Kirchenliteratur.

In der zweiten Hälfte des 16. Jahrhunderts entstanden die ersten gedruckten sorbischen Bücher. 1574 gab Albin Moller ein Gesangbuch mit Katechismus in niedersorbischer Sprache heraus. Das erste gedruckte Buch in obersorbischer Sprache erschien 1595. Es war ein Katechismus Luthers mit parallelem Text in deutscher und sorbischer Sprache, übersetzt von Wjacław Warichius.

Urkunde »Prager Frieden« vom 30. Mai 1635, Abtretung der Oberlausitz von Böhmen

Diese durchaus positive Entwicklung wurde durch den Dreißigjährigen Krieg für Jahrzehnte unterbrochen. Erschwerend für den weiteren nationalen und kulturellen Aufschwung wirkten sich zwei weitere Faktoren aus: Einmal die sehr bedrückende soziale Lage der sorbischen Landbevölkerung, hervorgerufen durch die Allmacht des einheimischen Adels, der infolge der fehlenden starken Landesherrschaft mehr oder weniger uneingeschränkt schalten und walten konnte, zum anderen die seit dem letzten Drittel des 17. Jahrhunderts auch im zentralen sorbischen Sprachgebiet einsetzenden Sprachverbote.

Nach dem Dreißigjährigen Krieg vollzog sich verstärkt eine Entwicklung, die bereits seit der Wende zum 16. Jahrhundert begonnen hatte, durch die Wirren des Krieges aber unterbrochen worden war: der Ausbau der feudalen Gutswirtschaft und der Übergang zur zweiten Leibeigenschaft. »Volle landesübliche Dienste«, das heißt sechs Tage in der Woche Arbeit auf den gutsherrlichen Besitzungen, und zwar von Sonnenaufgang bis Sonnenuntergang, waren die Regel. Für die Bearbeitung der eigenen Felder, die den Bauern »lassweise« (also nicht erblich) übergeben worden waren, blieben nur die Sonn- und Feiertage. Erbuntertänigkeit und Gesindezwangsdienst, zusätzliche Belastungen wie weite Fuhrdienste, Botenlaufen, Schikanen und Misshandlungen führten zu einer schier aussichtslosen Lage der Landbevölkerung und forderten deren Widerstand heraus. Dieser war sehr unterschiedlich. Er reichte von Bittschriften und Eingaben an den Landesherrn (die in den seltensten Fällen erfolgreich waren) über die Flucht (es wird geschätzt, dass von 1631 bis 1720 etwa 6 000 bis 8 000 Fronbauern aus der Oberlausitz das Land verließen und ins benachbarte Böhmen, nach Brandenburg und Kursachsen flüchteten, wo sie als zusätzliche Arbeitskräfte willkommen waren) bis hin zur Verweigerung von Diensten und Abgaben. Nicht selten kam es zu bewaffneten Auseinandersetzungen, beispielsweise 1525 in 40 Dörfern der Herrschaft Hoyerswerda, 1548 im westlichen Teil des Kreises Luckau und 1667/68 sowie 1715/17 im Kreis Cottbus, wo 4 000 bis 5 000 Bauern unter Waffen standen.

War die Lausitz, das zentrale sorbische Siedlungsgebiet, bislang von Sprachverboten und Zwangsmaßnahmen gegen das Sorbische weitestgehend verschont geblieben, so änderte sich dies mit der Herausbildung des Absolutismus, als Maßnahmen zur systematischen Beseitigung der sorbischen Sprache eingeleitet wurden. Doch unterschiedliche außenpolitische, militärische, wirtschaftliche, kultur- und kirchenpolitische Zielsetzungen der beiden Herrscherhäuser Wettin und Hohenzollern und regionale Besonderheiten in den einzelnen Territorien bedingten ein differenziertes Vorgehen, das allerdings wenig konstant war und sich rasch verändern konnte.

Am rigorosesten verfuhr man in der Niederlausitz. Hier erarbeitete das Lübbener Konsistorium auf Befehl des Herzogs Christian I. aus dem Hause Sachsen-Merseburg 1668 einen Plan zur stufenweisen Beseitigung der sorbischen Sprache, der mit Konsequenz und Beharrlichkeit das gesamte 18. Jahrhundert hindurch verfolgt wurde.

Ähnlich gewaltsam ging der brandenburgische Kurfürst Friedrich Wilhelm im Wendischen Distrikt der Kurmark, also in den südlich Berlins gelegenen Gebieten um Beeskow, Storkow, Teupitz und Zossen, vor. Im so genannten Dezemberreskript von 1667 ordnete er die Vernichtung aller sorbischen Bücher und die gänzliche Abschaffung des sorbischen Gottesdienstes an. Differenzierter, von Herrscher zu Herrscher verschieden, gestaltete sich die Sorbenpolitik im brandenburgischen Kreis Cottbus. Unter Friedrich I. und Friedrich II. wurde das ländliche Schulwesen auf der Grundlage der Muttersprache begründet, religiöses Schrifttum gefördert und sorbischer Gottesdienst begünstigt, während Friedrich Wilhelm I. eine strikte sorbenfeindliche Linie verfocht.

In der Oberlausitz entschieden sich die evangelischen Landstände angesichts der drohenden Gefahr einer Rekatholisierung für eine tolerante Behandlung der sorbischen Sprachenfrage. Das äußerte sich in einer zeitweiligen finanziellen Unterstützung bei der Herausgabe sorbischer religiöser Schriften. Allein in den Jahren zwischen 1668 und 1728 erschienen insgesamt 31 Buchtitel in sorbischer Sprache, neben Schriften für die Schul- und Volksbildung gehörten dazu Gesangbücher, Katechismen, die vollständige Bibel, eine Lesefibel und Richtlinien zur sorbischen Rechtschreibung. Mit Unterstützung der Stände wurde 1690 eine Kommission gegründet, die für die meisten dieser Titel verantwortlich zeichnete.

Etwa zur gleichen Zeit gab auch das katholische Domstift St. Petri in Bautzen mehrere Bücher heraus. Der katholische Geistliche Hawštyn Swětlik übersetzte 1707 die komplette Bibel, die aber ungedruckt blieb. Der nun aufkommende Wettstreit zwischen beiden Konfessionen wirkte sich fördernd auf die Literatur- und Kulturentwicklung der Sorben aus. Neben religiöser Literatur zeigten sich bald auch erste Ansätze eines weltlichen Schrifttums: Es erschienen Erbauungsschriften, gelehrte Dichtungen, wissenschaftliche Werke und 1790 eine gedruckte sorbische Zeitung.

Sorbische nationale Wiedergeburt

Im 18. Jahrhundert entwickelten sich erste Formen einer institutionalisierten Kulturpflege. Für junge sorbische Katholiken entstand 1706 in Prag mittels einer Stiftung durch Sorben das Wendische Seminar, für die nächsten gut zwei Jahrhunderte Hauptausbildungsstätte des katholischen Priesternachwuchses. Die künftigen evangelischen Prediger erhielten in Halle und Leipzig eine europäisch-christliche Ausbildung. 1716 entstand in Leipzig das Wendische Predigercollegium, 1746 in Wittenberg die Wendische Predigergesellschaft. Alle diese Aktivitäten trugen zur Festigung des Selbstbewusstseins unter den Sorben bei und leiteten jene Entwicklung ein, die als »sorbische nationale Wiedergeburt« in die Literatur eingegangen ist und maßgeblich zur Konsolidierung des sorbischen Ethnikums in moderner Zeit beigetragen hat.

Diese Bewegung, getragen von einer immer größer werdenden Schicht sorbischer Intellektueller, kam in den vierziger Jahren des 19. Jahrhunderts zu ihrer vollen Ausprägung – allerdings nur im sächsischen Teil der Oberlausitz, wo nach 1815 lediglich noch 20 Prozent der Sorben lebten. Die sorbische Bevölkerung in der Niederlausitz und im Nordosten der Oberlausitz gehörte nach den Beschlüssen des Wiener Kongresses nun zum preußischen Staat. Dieser verfocht nach anfänglichem Schwanken eine Sprachenpolitik, der – in enger Anlehnung an die Polenpolitik – eine Unterstützung des Sorbischen fremd war. Bereits 1818 er-

Klosterkirche in Cottbus, auch Wendische Kirche genannt

ließ die Frankfurter Provinzialregierung eine Verordnung zur Einschränkung der sorbischen Sprache, die für Jahrzehnte Richtschnur des Handelns bleiben sollte. Verstärkt ging man dazu über, deutsche Pfarrer und Lehrer in sorbische Parochien zu berufen, die sorbische Sprache im kirchlichen Leben und im Schulunterricht mehr und mehr zurückzudrängen, sorbischen Druckerzeugnissen eine finanzielle Beihilfe zu verwehren, ihre Herausgabe zu erschweren oder gar zu verbieten.

Anders lagen die Dinge in der sächsischen Oberlausitz. Hier wirkte die tolerante Sprachenpolitik aus dem 18. Jahrhundert fort, wenngleich es nicht an Versuchen zur Einschränkung des Sorbischen fehlte. Doch unter dem Eindruck massiver Proteste, so 1834 in einer Eingabe von 18 evangelischen Pfarrern, die im Namen von 50 000 Sorben eine gleichberechtigte Anwendung der sorbischen Sprache im öffentlichen Leben forderten, entschloss sich die Regierung in Dresden zur Toleranz. Anders als in Preußen gestatteten die sächsischen Behörden den sorbischen Lese- und Religionsunterricht und gaben ihm im § 28 des Schulgesetzes von 1835 Gesetzeskraft.

Unter den Bedingungen liberaler politischer Verhältnisse in Sachsen, befördert durch die deutsche Romantik und beeinflusst von den Ideen der »slawischen Wechselseitigkeit« bildete sich seit dem zweiten Drittel des 19. Jahrhunderts eine sorbische nationale Bewegung heraus, deren hauptsächliches Ziel in der Erhaltung der sorbischen Sprache und Kultur bestand. Ihre Wortführer, zu denen der Dichter Handrij Zejler, der Wissenschaftler Jan Pětr Jordan und der Verleger und Herausgeber Jan Arnošt Smoler zu zählen sind, hatten die Bedeutung der Muttersprache und der eigenen Kultur im Ringen um nationale Identität und um die Herausbildung und Festigung eines eigenständigen sorbischen Bewusstseins erkannt und richteten ihre Bestrebungen darauf, die Masse des sorbischen Volkes zu gewinnen. Das Gefühl der Zugehörigkeit zur slawischen Völkerfamilie und die daraus abgeleitete Schlussfolgerung, im Kampf um nationale Rechte und Freiheiten nicht allein zu stehen, verliehen den Sorben zusätzliche Impulse, die dann im Vormärz zu beachtlichen kulturellen Aktivitäten führten: 1842 erschien nach einer Unterbrechung von 30 Jahren wieder eine gedruckte sorbische Zeitung, seit dem Ende der dreißiger Jahre entstanden in und außerhalb der Lausitz eine Vielzahl sorbischer Studenten- und Schülervereine, die bald eine rege Aktivität auf nationalem und kulturellem Gebiet entfalteten, seit 1845 fanden regelmäßig sorbische Gesangsfeste statt, die eine eindrucksvolle Demonstration der bis dahin oftmals verachteten sorbischen Sprache und Kultur darstellten, und mit der 1847 erfolgten Gründung der Gesellschaft Maćica Serbska entstand eine straffe Organisation zur Leitung des kulturellen Lebens, zur Koordinierung wissenschaftlicher Arbeiten und zur Herausgabe sorbischer Publikationen. Der Vormärz bildete somit eine erste Blütezeit der zutiefst volksverbundenen bürgerlichen sorbischen Kultur.

Die Repräsentanten der sorbischen Bewegung erstrebten für ihr Volk die nationale Gleichberechtigung innerhalb der Territorialstaaten Sachsen und Preußen. Während der Revolution von 1848/49 traten sie mit eigenen nationalen und kulturellen Forderungen auf, darunter einer von 5 000 Haushaltsvorständen unterzeichneten »Großen Petition der Sorben« an die sächsische Regierung. Darin wurde die Gleichberechtigung der sorbischen Sprache und Kultur in Kirche und Schule, bei den Behörden und vor Gericht verlangt. Die Bauern schlossen sich in dieser Zeit in Vereinen zusammen, um sich politisch zu bilden, aktuelle Zeitfragen zu erörtern und nach Wegen für eine Verbesserung ihrer sozialen Lage zu suchen. Obwohl einzelne Wünsche der Sorben erfüllt – wie beispielsweise die Erteilung sorbischen Unterrichts am Gymnasium und am Lehrerseminar in Bautzen, die Durchführung sorbischer Gottesdienste in Dresden für beide Konfessionen sowie die Veröffentlichung sächsischer Gesetze und Verordnungen in sorbischer Sprache – und die Erfüllung anderer – so die Herausgabe sorbisch-deutscher Schulbücher – in Aussicht gestellt wurden, war die Mehrheit der Petenten enttäuscht. Auch die politischen und sozialen Forderungen der Bauern blieben weitgehend unerfüllt.

Deprimiert über das unbefriedigende Ergebnis der nationalen Bewegung 1848/49 zogen sich viele ehemals führende Sorben von der politischen Bühne zurück, verfielen in Enttäuschung und Resignation. Erst in den sechziger Jahren wurde diese allmählich wieder überwunden. Das äußerte sich in der Gründung neuer Zeitungen und Zeitschriften, der Entstehung von Buchvereinen und einer sorbischen Buchhandlung in Bautzen, der Erneuerung der seit 1851 unterbrochenen Gesangsfeste und der Gründung von Chören, der 1862 erfolgten ersten sorbischen Theateraufführung und nicht zuletzt 1866 in der Fertigstellung des großen »Lausitzisch-wendischen Wörterbuches« durch Křesćan

Wendisches Haus in Bautzen, 1897–1904 erbaut, 1945 vernichtet

Bohuwěr Pful, das auch heute noch eine wichtige Basis für slawistische Forschungen darstellt.

Auch in den preußischen Gebieten der Lausitzen konnte sich in dieser Zeit infolge einer taktischen Kursänderung der dortigen Machthaber das sorbische Kulturleben stärker entfalten. »Aus Gründen der höheren Politik« wurden Maßnahmen zur Beseitigung der dringendsten kirchlichen und schulischen Missstände unter den Sorben eingeleitet.

Ringen um Erhalt von Sprache und Kultur

Nach der Gründung des Deutschen Reiches 1871 verschlechterten sich die Lebens- und Existenzbedingungen für die Sorben. Für die Mehrzahl der Landbevölkerung brach eine schwere Zeit an. Viele Bauern verarmten und verschuldeten, mussten ihre kleinen Wirtschaften aufgeben und sanken auf die Stufe von Halbproletariern oder Landarbeitern herab. Der in der zweiten Jahrhunderthälfte begonnene Prozess der Industrialisierung schritt vor allem in der mittleren Lausitz rasch voran. Er bewirkte erstens eine Veränderung der nationalen Zusammensetzung der Bevölkerung infolge Zuzugs fremder Arbeitskräfte, zweitens einen Verfall der dominierenden agrarischen Struktur und drittens den verstärkten Übergang der einheimischen Bevölkerung zur sorbisch-deutschen Zweisprachigkeit, was letztendlich in weiten Teilen der evangelischen Ober- und Niederlausitz zu einer raschen Assimilierung der Sorben führte. Zudem setzte nach 1871 ein schärferer antisorbischer Kurs ein. Die sorbische Sprache sollte endgültig »zu Grabe getragen«, »die Reste des Wendentums ihrem Ende entgegengeführt« werden. Gegen diese Germanisierungsbestrebungen setzten sich seit Mitte der siebziger Jahre vor allem junge Sorben mit dem Dichter Jakub Bart-Ćišinski und dem Sprachwissenschaftler Arnošt Muka an der Spitze zur Wehr. Für sie war eine optimistische Grundhaltung zur Zukunft des sorbischen Volkes charakteristisch. Sie erkannten, dass Kulturarbeit und wissenschaftliche Forschungen der nationalen Bewusstseinsbildung dienten und Waffen im Kampf gegen Germanisierung und Diffamierung waren. Gleichzeitig unterstützten sie die bäuerliche Bevölkerung in ihrem Bestreben nach organisatorischem Zusammenschluss.

Aus der Bauernbewegung und der kulturellen Massenbewegung erwuchs 1912 schließlich die Domowina als Dachorganisation der sorbischen Vereine. Ihr gehörten 31 Vereine an, die 2 890 Mitglieder zählten. Das Ziel der neuen Organisation bestand darin, der Diskriminierung im wilhelminischen Deutschland entgegenzuwirken, für demokratische Rechte der Sorben einzutreten, die sorbische Kultur zu pflegen und das sorbische nationale Bewusstsein zu festigen. Diese viel versprechende Tätigkeit wurde durch den Ersten Weltkrieg jäh unterbrochen.

Die Weimarer Verfassung vom 31. Juli 1919 sicherte allen Staatsbürgern demokratische Rechte und Freiheiten zu, den

Sorbische Fahne in Blau-Rot-Weiß

nichtdeutschen Volksteilen gewährte sie eine freie Entwicklung. Doch es fehlten konkrete Ausführungsgesetze, sodass viele Wünsche offen blieben. Dennoch erleichterte sie die Tätigkeit kultureller Einrichtungen und das Ringen der nationalen Minderheiten um Gleichstellung. Die sorbische nationale Bewegung nahm in den zwanziger Jahren einen raschen Aufschwung; es entstanden zahlreiche weitere Vereine zur Durchsetzung der nationalen, wirtschaftlichen, politischen, kulturellen, beruflichen, sportlichen oder religiösen Forderungen. Doch es fehlte eine einheitliche politische Führung, sodass die unterschiedlichsten Wünsche laut wurden, u. a. die illusionäre Forderung nach einer Autonomie der Lausitz und, als dies zu scheitern drohte, nach einem selbstständigen sorbischen Staat bzw. einem Anschluss der Lausitz an die Tschechoslowakei. Die Domowina, die in den Jahren 1920/21 ihre Tätigkeit wieder aufnahm, leistete in dieser Zeit eine bemerkenswerte Kultur- und Bildungsarbeit. Musikschaffen und Laientheaterbewegung nahmen einen beachtlichen Aufschwung.

Während der Hitlerdiktatur waren die Sorben mannigfaltigen Repressalien ausgesetzt. Nachdem anfängliche Terrormaßnahmen und spätere Versuche einer Gleichschaltung der Sorben angesichts wachsender Proteste aus dem slawischen Ausland und mit Rücksicht auf das Auslandsdeutschtum sowie am Widerstand der Domowina, die sich strikt weigerte, einen Satzungsentwurf anzuerkennen, der sie als »Bund wendisch sprechender Deutscher« auswies, gescheitert waren, folgte seit 1937 ein rigoroses Vorgehen der Nationalsozialisten gegenüber den Sorben. Die öffentliche Tätigkeit der Domowina wurde im Frühjahr 1937 verboten, gleichfalls wurden alle sorbischen Zeitungen und Zeitschriften liquidiert, die wissenschaftliche Gesellschaft Maćica Serbska untersagt, ihr Archiv und ihre Bibliothek beschlagnahmt, der sorbische Verlag und die Druckerei geschlossen. Sorbischer Unterricht in den Schulen wurde eingestellt, auf die Kirchen Druck ausgeübt. In der Öffentlichkeit wurde der Gebrauch des Sorbischen nicht geduldet. Höhepunkt war die bekannte Himmler'sche Denkschrift »Einige Gedanken über die Behandlung der Fremdvölkischen im Osten« vom Mai 1940. Die Sorben und andere slawische Völker sollten als »führerloses Arbeitsvolk unter der strengen und gerechten Leitung des deutschen Volkes berufen sein, an dessen ewigen Kulturtaten und Bauwerken mitzuarbeiten«. Eine vierklassige Volksschule, einfaches Rechnen bis 500 und Schreiben des Namens war alles, was der Reichsführer-SS den Slawen an Bildung zubilligte. Lesen hielt er nicht für erforderlich. Eine Zwangsaussiedlung von sorbischen Intellektuellen aus der Lausitz im Herbst 1940 und erneute Verhaftungen leiteten erste Schritte zur Verwirklichung der geplanten Maßnahmen ein.

Zwischen Förderung und Anpassung

Der Zusammenbruch 1945 wurde als Befreiung und als Voraussetzung für einen Aufschwung der nationalen Bewegung begrüßt. Doch innerhalb der sorbischen Führung herrschten unterschiedliche Auffassungen über die zukünftige politische Entwicklung. Der am 9. Mai 1945 in Prag gegründete Wendische Nationalausschuss erstrebte eine Loslösung der Lausitz von Deutschland und ihren Anschluss an die Tschechoslowakei. Die Prager Regierung nährte diese Hoffnungen, indem sie die Sorben moralisch unterstützte und ihnen praktische und finanzielle Hilfe gewährte. Die Domowina, schon am 10. Mai 1945 neu gegründet, setzte sich anfangs für eine Autonomie der Sorben in der Lausitz ein. Beide Ziele waren unrealistisch. Da die ersten sozialen und national-kulturellen Maßnahmen nach 1945 in der sowjetischen Besatzungszone (Bodenreform, Enteignung der Kriegsverbrecher, sorbische Lehrerbildung, Herausgabe von Zeitungen und Zeitschriften, Beginn der sorbischen Buchproduktion, Schaffung sorbischer Schulen, Gründung des Sorbischen Volkstheaters, Anfänge eines sorbischen Rundfunks und vor allem die Verabschiedung des Gesetzes zur Wahrung der Rechte der sorbischen Bevölkerung 1948 in Sachsen und 1950 in Brandenburg) den Wünschen und Vorstellungen der Sorben entgegenkamen, setzte sich bei der Domowina-Führung immer mehr die Erkenntnis durch, dass die sorbische Frage nur innerhalb Deutschlands zu lösen sei. Es vertiefte sich die Zusammenarbeit mit der KPD/SED, die ihrerseits bestrebt war, die Sorben für ihre Ideologie zu gewinnen und sie in das entstehende Herrschaftsgefüge zu integrieren. Das gelang einerseits durch die Gründung zahlreicher kultureller, wissenschaftlicher, pädagogischer und anderer Institutionen (Staatliches Ensemble für sorbische Volkskultur, Haus für sorbische Volkskunst, Institut für sorbische Volksforschung, Institut für Sorabistik an der Universität Leipzig, Domowina-Verlag, Sorbisches Lehrerbildungsinstitut, sorbische Abteilungen der Ministerien für Kultur, Inneres und

Volksbildung), die eine beispiellos umfassende Entwicklung der sorbischen Kultur ermöglichten, andererseits durch eine Zensur sorbischen Schrifttums und durch die Besetzung von Leitungsämtern mit SED-Mitgliedern. 1950 erfolgte dann auch ein Wechsel in der Domowina-Führung. Anstelle des bisherigen Vorsitzenden Pawoł Nedo, der die Geschicke der Organisation seit der Neugründung 1945 sehr umsichtig geleitet hatte, trat der Arbeiter und Kommunist Kurt Krjeńc. Die Domowina gab nun ihren relativ eigenständigen Kurs auf und orientierte sich zunehmend an den ideologischen Vorgaben der SED. In der 1952 verabschiedeten Satzung erkannte sie ausdrücklich die führende Rolle der Partei an.

Lausitzer Landschaft, im Hintergrund das Kraftwerk Boxberg

Eine einseitige Betonung sozialer und wirtschaftlicher Aspekte führte zur Vernachlässigung sprachlicher und kultureller Komponenten. Als beispielsweise Mitte der fünfziger Jahre der Ausbau des Bezirks Cottbus zum Kohle- und Energiezentrum der DDR erfolgte, was durch die Abbaggerung zahlreicher sorbischer Dörfer und durch den starken Zuzug deutscher Arbeitskräfte zu einer spürbaren Einschränkung des Lebensraumes der Sorben und zu einem bedeutenden Verlust an nationaler Substanz führte, fand sich die Domowina zu keinem wirkungsvollen Protest bereit. Im Gegenteil, sie begrüßte den Ausbau des Braunkohlenbergbaus und versuchte, die sorbische Bevölkerung von der Richtigkeit und Notwendigkeit der Maßnahmen zu überzeugen. Einzelne warnende Stimmen, die damals laut wurden, wies man als »Nationalismus«, »Pessimismus« oder »Revisionismus« barsch zurück.

Mitte der achtziger Jahre zeigten sich erste Anzeichen eines offiziellen Umdenkens bei der Domowina-Führung. Sie stellte nunmehr verstärkt Fragen der sorbischen Sprache und Kultur sowie des sorbischen nationalen Bewusstseins in den Mittelpunkt ihrer Arbeit und begann einen Dialog mit Vertretern der evangelischen und katholischen Kirche. Sorbische Intellektuelle, allen voran der Schriftsteller Jurij Koch, machten auf die negativen Folgen des Braunkohlenbergbaus in der Lausitz, auf die daraus resultierende Bedrohung für die Sorben und ihre Kultur aufmerksam. Sorbische Studenten gaben eine unzensierte hektografierte Zeitung heraus, die jedoch bald verboten wurde.

Im Herbst 1989, beim Zusammenbruch der DDR, stellten sich auch die Sorben der neuen Situation. Anfang November konstituierte sich die Sorbische Volksversammlung, deren Programm Maßnahmen auf den Gebieten der Kulturentwicklung, des Schulwesens, eine Überwindung der territorial-administrativen Spaltung der Lausitz, den Schutz des sorbischen Siedlungsraumes vor den Folgen der Industrialisierung, namentlich des Bergbaus, und nicht zuletzt eine Demokratisierung innerhalb der Domowina beinhaltete. Nach zum Teil hitzigen Auseinandersetzungen konnte Mitte 1991 der Erneuerungsprozess der Domowina mit der Annahme eines neuen Programms sowie weit reichenden personellen und strukturellen Veränderungen zu einem gewissen Abschluss gebracht werden. Sie fungierte wieder, wie schon 1912, als Dachverband sorbischer Vereine.

Der Einigungsvertrag zwischen der Bundesrepublik und der DDR, der die Modalitäten zur Wiederherstellung der Einheit Deutschlands regelte, sicherte den Sorben 1990 den Schutz ihrer nationalen Identität zu und garantierte die Gleichberechtigung von Sprache und Kultur.

Die finanziellen Mittel für sorbische Kunst, Kultur und Wissenschaft, Presse und Verlagstätigkeit stellt die 1991 gegründete und seit 1999 rechtsfähige Stiftung für das sorbische Volk zur Verfügung, die von der Bundesrepublik und den beiden Ländern Sachsen und Brandenburg finanziert wird. Damit wurde die materielle Grundlage für die bestehenden und neu entstandenen sorbischen Einrichtungen sowie für die Förderung von Projekten zur Pflege sorbischer Feste und Bräuche geschaffen.

Beide Bundesländer, in denen heute die rund 60 000 Sorben leben, garantieren in ihren Verfassungen vom April bzw. Mai 1992 die Pflege der sorbischen Sprache, Kultur und nationalen Traditionen sowie den Schutz und die Erhaltung der sorbischen Identität. Konkrete Festlegungen dazu enthalten die Sorbengesetze, das 1994 vom Brandenburgischen Landtag beschlossene »Gesetz zur Ausgestaltung der Rechte der Sorben (Wenden) im Land Brandenburg« und das 1999 vom Sächsischen Landtag verabschiedete »Gesetz über die Rechte der Sorben im Freistaat Sachsen«. Sie stellen die gesetzliche Grundlage für den Erhalt und die weitere Entwicklung von sorbischer Sprache, Kultur und Lebensweise dar. Für die Sorben kommt es nun darauf an, die gebotenen Möglichkeiten zu nutzen und sich auch in der modernen Industriegesellschaft allen Widrigkeiten zum Trotz zu behaupten.

Peter Kunze

Sprache

Die sorbische Sprache gehört zur Familie der slawischen Sprachen und ist besonders mit dem Polnischen, Tschechischen und Slowakischen verwandt. Mit diesen bildet sie das Westslawische. Typisches gemeinsames Merkmal der westslawischen Sprachen ist die Entwicklung von indoeuropäischem kt (vgl. lateinisch noktis *Nacht*) zu c (westslawisch noc *Nacht*) gegenüber č im Ostslawischen (vgl. russisch noč) und št im Südslawischen (vgl. bulgarisch nošt). Sorbisch wird heute in einer Vielzahl von Dialekten in der Ober- und Niederlausitz, den Siedlungsgebieten der altsorbischen Stämme der Milzener und Lusizer, gesprochen.

Infolge der deutschen feudalen Ostexpansion seit dem 10. Jahrhundert wurde die sorbische Sprache aus den Territorien außerhalb der Lausitz völlig verdrängt, sie hat allerdings Spuren in Orts- und Flurnamen sowie in einzelnen Reliktwörtern hinterlassen (z. B. Gera aus gora *Berg*, Leipzig aus Lipsk zu lipa *Linde*, Kuhrätel in deutschen Mundarten südlich von Berlin aus kurjatko *Pfifferling*). Noch um 1600 bildete das Territorium östlich von Großenhain, Mühlberg, Finsterwalde, Dahme, Baruth/Mark und südlich von Teupitz, Storkow und Beeskow das geschlossene sorbische Sprachgebiet. Heute umfasst es die ehemaligen Oberlausitzer Kreise Bautzen, Hoyerswerda und Weißwasser sowie benachbarte Teile der Kreise Senftenberg, Kamenz, Bischofswerda, Löbau und Niesky (mit der Gebietsreform 1995–1998 eingegangen in die Kreise Bautzen, Kamenz und den Niederschlesischen Oberlausitzkreis) sowie die Niederlausitzer Kreise Cottbus und Spremberg mit den angrenzenden Gebieten der Kreise Lübbenau, Calau, Forst und Guben (jetzt Teile der Kreise Spree-Neiße, Oberspreewald-Lausitz sowie Dahme-Spreewald). Heute werden in diesen Lausitzer Kreisen etwa 60 000 sorbischsprachige Personen geschätzt, wobei der Grad der Beherrschung sehr verschieden ist ebenso wie der Anteil der sorbischen Bevölkerung an der Gesamtzahl der Bewohner der Lausitz.

Impressionen aus Crostwitz

Die oft wechselnde Teilung des sorbischen Sprachgebiets in mehrere politische Territorien (Markgraftümer Ober- und Niederlausitz, Kurfürstentümer Sachsen und Brandenburg, Erzbistum Magdeburg, Fürstentum Sagan) und das Fehlen eines wirtschaftlichen und kulturellen Zentrums ließen zunächst mehrere schriftsprachliche Formen des Sorbischen auf unterschiedlicher dialektaler Basis entstehen, von denen sich bis zur Mitte des 19. Jahrhunderts zwei endgültig als Schriftsprachen durchsetzten: die obersorbische Schriftsprache auf der Grundlage des um Bautzen gesprochenen Dialekts als verbindliche Norm im sorbischsprachigen öffentlichen Verkehr in der Oberlausitz, die niedersorbische Schriftsprache auf der Basis des Cottbuser Dialekts als Verkehrsform in der Niederlausitz. Die Existenz zweier sorbischer Schriftsprachen und ihr Geltungsbereich sind nicht sprachlich, sondern historisch motiviert. Die Besonderheiten dieser beiden Schriftformen überdecken nicht in gleicher Weise die in der Ober- bzw. Niederlausitz gesprochenen Dialekte. Einzelne sprachliche Merkmale der obersorbischen Schriftsprache sind ebenso typisch für viele niedersorbische Mundarten (z. B. die Bewahrung von r nach p, k: prawo *Recht*, krawy *blutig*) und umgekehrt (z. B. die Erhärtung von š, ž: šyja *Hals*, žywjenje *Leben*). Dies gilt auch für folgende typische Unterschiede zwischen der ober- und niedersorbischen Schriftsprache:

obersorbisch	**niedersorbisch**
h – (hora *Berg*, huba *Mund*, sněh *Schnee*)	– g (gora, guba, sněg)
č – (čas *Zeit*, čorny *schwarz*, čert *Teufel*)	– c (cas, carny, cart)
ć, dź – (ćěło *Körper*, dźěd *Großvater*)	– ś, ź (śěło, źěd)
-aj, -omaj (dwaj wozaj *zwei Wagen*, wozomaj)	– a, -oma (dwa woza, wozoma)
-nyć (wuknyć *lernen*, hasnyć *löschen*)	– nuś (wuknuś, gasnuś)
-ej (konjej *dem Pferd*, nanej *dem Vater*)	– oju (konjoju, nanoju)
kwas *Hochzeit*	– swajźba
prajić *sagen*	– groniś
košla *Hemd*	– zgło

Das sorbische Sprachgebiet ist durch eine relativ starke, territoriale Dialekte und Ortsmundarten bildende sprachliche Differenzierung gekennzeichnet, die teilweise die aus dem Altslawischen ererbten Besonderheiten der alten Stammesdialekte der Milzener in der Oberlausitz und der Lusizer in der Niederlausitz fortsetzen, in der Mehrzahl jedoch das Ergebnis unterschiedlicher Verbreitung späterer und auch heute zu beobachtender sprachlicher Entwicklungen sind. So stellt sich das sorbische Sprachgebiet als ein Kontinuum dar, das von Süd nach Nord fortschreitend von einer wachsenden Zahl von Grenzlinien sprachlicher Merkmale durchzogen ist: je weiter die Entfernung voneinander, desto größer die Zahl mundartlicher Unterschiede. Solche Grenzlinien sprachlicher Besonderheiten häufen sich an zwei Punkten; einmal südlich der Linie Hoyerswerda–Weißwasser, zum anderen nördlich von Spremberg–Muskau. Diese Häufungen teilen das sorbische Sprachgebiet in drei dialektale Großräume: in das eigentliche obersorbische Dialektareal im Süden (das Altsiedelland der Milzener), in das eigentliche niedersorbische Dialektareal im Norden (das Altsiedelland der Lusizer) sowie in einen dazwischen liegenden Gürtel von Übergangsdialekten von Muskau im Osten bis Senftenberg im Westen. In diesem Gürtel überkreuzen sich obersorbische und niedersorbische dialektale Merkmale, sodass Einzeldialekte in ihnen in unterschiedlicher Zahl sowohl obersorbische als auch niedersorbische Dialektmerkmale aufweisen.

In der Alltagskommunikation wird in der Regel der entsprechende Heimatdialekt gebraucht, nicht selten auch im überregionalen mündlichen Verkehr.

Die sorbische Sprache ist Unterrichtssprache in einigen Schulen der Lausitz und wird in Kindertagesstätten gepflegt (siehe Beitrag »Typisch sorbisch?« von Božena Paulik). In sorbischer Sprache erscheinen Zeitungen, Zeitschriften und Werke schöngeistiger, publizistischer und wissenschaftlicher Literatur sowie Schulbücher. Sie wird wissenschaftlich gepflegt im Sorbischen Institut e. V. in Bautzen und Cottbus, am Institut für Sorabistik der Universität Leipzig sowie an mehreren slawistischen Lehrstühlen im In- und Ausland.

Helmut Faßke

Aktuelles Siedlungsgebiet der Sorben mit deutsch-sorbischen Ortsnamen

Wegweiser: Literatur

Abgeschieden zwar, doch in der Mitte des Kontinents, sprachlich gebunden an den Osten, kulturell eingebettet im Westen, umgeben von Deutschen – die Sorben. Ein Volk von Bauern, einer kleinen, aber nicht unbedeutenden Schicht Geistlicher und Lehrer. Sie förderten mit Übersetzungen und Verteidigungsschriften seit der Reformation Sprache und Kultur. Die sorbische Literatur insgesamt ist vergleichsweise klein und jung, zudem sprachlich zergliedert ins Ober- und Niedersorbische. In der zweiten Hälfte des 18. Jahrhunderts erst löste sie sich aus dem Verbund des meist religiösen Schrifttums mit dem Dichterlied »Rěčerski kěrliš« (1767) von Jurij Mjeń (1727–1785). Es begann, beschleunigt vom neuzeitlichen Entwicklungsgang, die poetische Entdeckung der sorbischen Sprache.

Ungeachtet anders lautender Prognosen deutscher Polemiker zum Aufbruch der kleineren Slawenvölker ließ sich das »Nationenblümelein« (Friedrich Engels, 1848) Mitte des 19. Jahrhunderts auch wegen der Nähe zu den nach politischer und kultureller Freiheit strebenden Tschechen und Polen nicht mehr »zerknicken«. Das Sammelwerk »Volkslieder der Wenden in der Ober- und Nieder-Lausitz« von Jan Arnošt Smoler und Leopold Haupt, die zur Enzyklopädie des Volkslebens gediehene erste sorabistische Zweisprachenedition, war soeben, 1841/43, in Grimma bei Leipzig erschienen. Da entfaltete sich, gestützt auf Presse, Verlag, Vereine und bescheidene Volksbildung, von deutscher Seite teils angefeindet, teils aber auch tolerant geduldet, teils unterstützt, ein eigenständiges kulturelles und literarisches Leben.

Die Fabeln und Lied-Gedichte Handrij Zejlers (1804–1872) ersetzten eine Art nationaler Schule. Denn mit der Alphabetisierung verbreitete sich die Zweisprachigkeit. Im letzten Drittel des 19. Jahrhunderts schlugen Verkehrsaufschluss, beginnender Braunkohlenabbau und Industrialisierung tiefe Breschen in die traditionell agrarischen Strukturen der Lausitz. Zur selben Zeit etwa war das literarische Gattungsgefüge ausgeprägt. Literaturfähig wird in Anlehnung an das obersorbische Zentrum in und um Bautzen/Budyšin (das alte Budissin) auch die niedersorbische Sprachvariante nördlich von Cottbus. Dabei bedeutete »der deutsche Bildungsgang der wendischen Intelligenz« auch Gefährdung, die slawische Wechselseitigkeit aber wirkte als Korrektiv.

Schreiben in sorbischer Sprache verstanden Mato Kosyk (1853–1940), Jakub Bart-Ćišinski (1856–1909), Mikławš Andricki (1871–1908), Jakub Lorenc-Zalěski (1874–1939) als dichterisches Ethos. Sie nahmen ihren Auftrag, Sprach-Lehrer zu sein, bewusst an, ohne die eigene künstlerische Individualität zu zügeln. Gegen Assimilation und Germanisierung sollte Ćišinskis Helgoland-Bild der Lausitz wappnen: »O dass jedes Sorbenherz ein Fels doch / wäre, standhaft in der fremden Flut« (Mein sorbisches Bekenntnis, 1891).

Das so behauptete Sprach-Inseldasein war dennoch spätestens mit den gesellschaftlichen Veränderungen nach dem Ersten Weltkrieg kaum mehr haltbar. Literarisch deutete sich die Suche nach nationaleigener Artikulation in einer Auffächerung der Schreibweise an, was sowohl romantische Mythisierung und politische Polemik einschloss als auch die weitere Entdeckung des poetischen Ichs. Gleichzeitig ist die Hinwendung zum Sprachumfeld nicht aufzuhalten, die Auflösung der Sprachbarrieren beginnt in der dritten Generation nach Ćišinski. So emigrierte der eine, Jurij Chěžka (1917–1944), einer der Wegbereiter der modernen Poesie, Mitte der dreißiger Jahre in die Tschechische Republik. Seinen dichterischen »Weg nach der anderen Heimat«, einer slawischen, beendet der Kriegstod. Ein anderer, Jurij Brězan (*1916), Vertreter der heute ältesten Schriftstellergeneration, meinte nach dem Zweiten Weltkrieg in der deutschen Sprache eine weitere ihm angemessene Ausdruckssphäre zu finden.

Seit den sechziger Jahren des 20. Jahrhunderts, mit dem Eintritt der Kriegskindergeneration ins literarische Leben, macht

Denkmal für Handrij Zejler in Lohsa, errichtet 1931

sich ein neuartig-schöpferischer Umgang mit dem Schreiben in beiden Sprachen bemerkbar. Die damaligen Mittzwanziger, die unter dem ausdrücklichen Verbot des Sorbischen in der Nazizeit aufgewachsen waren, entdecken jetzt ihre Muttersprache neu als brachliegende Möglichkeit sprachkünstlerischen Ausdrucks. Später werden sie schreibend die Balance suchen zwischen den beiden so verschiedenen, im eigenen Erleben wohl nicht zu trennenden Welten.

»Die Insel schluckt das Meer« (Kito Lorenc, *1938) – das ist die Frage. Und: Ein Bild wird entworfen, Landschaft des Dorfes gezeichnet, die so vielleicht nicht mehr existiert, die nur noch sprachlich heraufzubeschwören war. Rückbesinnung auf sorbische Kultur und Geschichte prägt ursprünglich diese heute nun schon ältere Generation. Wobei die Begegnung mit Johannes

Bobrowski gerade Kito Lorenc die Situation der Sorben in eigener Weise verstehen ließ. Jurij Koch (*1936) ist der Wanderer zwischen den Lausitzen, der sich mit seinem intakten Kindheitsbild aus der sorbisch-katholischen Lausitz einem Bröckeln der sprachlichen und kulturellen Struktur dieses kleinen Volkes im Norden widersetzt. Mit diesen Autoren beginnt die literarische Zweisprachigkeit künstlerisches Prinzip zu werden; obwohl sie sich auch der überkommenen Dichteraufgabe noch verpflichtet fühlen, sprachlich-nationales Bewusstsein zu befördern, ist ihre »Selbstintegration« in die deutsche Literatur gewollt, Grenzüberschreitung und -auflösung zugleich.

Die jüngeren Schriftsteller, die Kinder des Nachkriegs, wurden Anfang der siebziger Jahre vom damals dreißigjährigen Lorenc betreut. Ein Einsatz, der in der sorbischen Literaturgeschichte (wie zuletzt in ihrem DDR-Umfeld) nicht ungewöhnlich war, hier aber besonders nachhaltig gewirkt hat. Ausbrechend aus schulischer Bevormundung und ideologischen Erstarrungen versuchten sie in das »Wortland« (Kito Lorenc) Eingang zu finden. Um dann, jeder für sich, in ihr »Land vor dem Spiegel« (Marja Krawcec, *1948) aufzubrechen, unter ihnen Beno Budar (*1946), Angela Stachowa (*1948), Benedikt Dyrlich (*1950) oder Róža Domašcyna (*1951). Einige mögen dem erweiterten Leserkreis durch deutschsprachige Editionen bekannt geworden sein.

Dass gerade Frauen dieser Schriftstellergeneration das Gepräge geben, scheint kein Zufall. Jenes patriarchalische Bild von der geduldigen, mütterlich-häuslichen Bewahrerin der Sprache oder dessen feministische Umkehrung trifft gerade auf diese Autorinnen nicht zu. Um die Mitte des 19. Jahrhunderts schon bahnte sich in den Gedichten und Weltbetrachtungen von Herta Wićazec (1819–1885), veröffentlicht meist unter dem Schutz ihres Mentors, eine am Individuum orientierte Kunstauffassung ihren Weg. Gedichte von Mina Witkojc (1893–1975), geschrieben in den zwanziger Jahren, erlebten bis heute die meisten Auflagen. Die zähe Leisigkeit der weiblichen Gefühlswelt bleibt auch in den zeitgenössischen Arbeiten deutlich spürbar.

In der Smoler'schen Verlagsbuchhandlung in Bautzen

Literarische Zweisprachigkeit ist heute Ausdrucksform vieler sorbischer Autoren. Doch wird es wohl auch künftig nicht eine ausschließlich »deutsche Literatur der slawischen Sorben« geben. Wider den »sprachlichen Realismus« versagen sich jüngere Autoren den Herausforderungen der Zweisprachigkeit und publizieren in sorbischer Sprache; Ingrid Hustetowa (*1956), Jěwa-Marja Čornakec (*1959), Měrka Mětowa (*1958), Měrana Cuščyna (*1961), Timo Meškank (*1965), Lubina Hajduk-Veljkovićowa (*1976). Die Gedichte, Erzählungen und Theaterstücke – es überwiegen wie häufig in Kleinliteraturen die Kurzformen – sind Ausdruck eines sprachlich sicheren, aber nicht unbedingt materiell abgesicherten Lebensgefühls.

Christiana Piniek

Bildende Kunst

Bildkünstlerische Bedürfnisse konnten bei der bis zur Industrialisierung im 19. Jahrhundert vorwiegend ländlichen sorbischen Bevölkerung vorerst nur in der Volkskunst befriedigt werden, u. a. Hausbau, Bildstöcke, Wegekreuze, Devotionalien, Trachten.

Eine frühe Reflexion des sorbischen Ethnikums im ansonsten strengen Rahmen der christlichen Ikonografie findet sich bei der Darstellung eines sorbischen Dudelsacks, welcher als Vanitassymbol gebraucht wurde, in den Wandmalereien der Dorfkirche in Briesen bei Cottbus (1486).

Domstiftsportal in Bautzen mit Werken von Jacob Delenka

Erste Namen sorbischer Künstler tauchen im 17. und 18. Jahrhundert auf. In ihren Biografien und in ihrem Werk teilweise gut fassbar sind drei Bildhauer des Barock: Von der engen Bindung der katholischen Kirche in der Lausitz zu Böhmen zeugt die bildhauerische Tätigkeit des gebürtigen Wittichenauers Mathias Wenzel Jäckel (1655–1738), der in Prag eine eigene Werkstatt begründete und u. a. Skulpturen für die Prager Karlsbrücke und für die Klosterkirchen in Sedlec, Břevnov und Chotěšov schuf. Zu regionaler Bedeutung gelangte Jacob Delenka (1695–1763) aus Salzenforst, Sohn eines sorbischen domstiftlichen Untertans. Ohne höhere Ausbildung schuf er im Auftrage des Bautzener Domstifts Fassadenplastiken, Kapitelle und Wappen. Georg Vater (1673–nach 1726) stammte wie Jäckel aus Wittichenau und war u. a. für das Kloster St. Marienstern und für die Pfarrkirche seines Geburtsortes tätig. Seine Werke zeichnen sich durch eine gute Anpassung an die architektonischen Gegebenheiten aus. Im 17. und 18. Jahrhundert waren aufgrund der besonderen Umstände der sorbischen Geschichte die gegenreformatorischen Bestrebungen des katholischen Klerus für das Sorbentum ein wichtiges konstituierendes Element. Träger dieser Entwicklung waren die Dekane des Bautzener Domstifts, die vorwiegend Sorben waren und als Anreger und Mäzene kirchlicher Kunst Bedeutung erlangten.

Die meisten Künstler sorbischer Herkunft mussten ihr berufliches Fortkommen außerhalb der Lausitz suchen, wie der Landschaftszeichner und -radierer Hendrich Božidar Wjela (1778–1805). Nach dem Besuch der Zeichenschule in Görlitz studierte er an der Dresdner Kunstakademie bei J. Ch. Klengel Landschaftsmalerei, stand danach im Dienst der Chalkografischen Gesellschaft in Dessau und nahm 1802 als Zeichner und Kartograf an einer militärisch-wissenschaftlichen Expedition des Zaren Alexander I. in den Kaukasus teil. Auch der in Cottbus gebürtige Carl Blechen wird gelegentlich als sorbischer bzw. deutsch-sorbischer Künstler apostrophiert. Seine sorbische Herkunft mütterlicherseits ist aber nur von biografischem Interesse. Sie

Měrćin Nowak-Njechorński, Glasfenster im Haus der Sorben in Bautzen, 1966

hat mit seiner künstlerischen Entwicklung, die ihn zum Vorläufer der realistischen Malerei in Deutschland werden ließ, kaum etwas zu tun.

Ein autochthones sorbisches Künstlertum entwickelte sich im 19. Jahrhundert nur sehr verhalten. Als Gelegenheitsgrafiker veröffentlichte der Schleifer Pfarrer Julius Eduard Wjelan in der Zeitung Tydźenske Nowiny satirische Zeichnungen in der Tradition des Vormärz.

Parallel zur innersorbischen Entwicklung gab es auch den Blick von »außen« auf die Sorben. Die Motivationen wechselten im Laufe des Jahrhunderts von der Wiederentdeckung des Landlebens im Rousseau'schen Geist zu spätromantischen Sorbenbildern in zahlreichen Spreewaldmotiven und Darstellungen von wendischen Ammen und Dienstmädchen im Großstadtmilieu, an denen schon die Einflüsse der Industrialisierung ablesbar sind. Der Aufschwung der Volkskunde und des Heimatschutzes in den neunziger Jahren des 19. Jahrhunderts zog ebenfalls das Interesse deutscher und ausländischer Künstler für die Sorben nach sich. Die so genannte Brauchtumsmalerei entstand. Sie zielte auf eine beschreibende Darstellung der Folklore. Künstler wie William Krause (1875–1925), Ludvík Kuba (1863–1956) und Ante Trstenjak (1894–1970) widmeten sich dem sorbischen Landvolk und zeigten es in seiner kulturellen Vielfalt und seinen überkommenen Traditionen.

Die Herausbildung einer eigenständigen sorbischen Kunst hängt mit dem allgemeinen kulturellen Aufschwung seit den zwanziger Jahren des 20. Jahrhunderts zusammen. Er war Ausdruck eines wieder erwachenden Nationalbewusstseins und zugleich eine Reaktion auf nicht erfüllte nationale Hoffnungen nach dem Ersten Weltkrieg. Die für die Sorben zunächst günstigere politische Situation in der Weimarer Republik beflügelte die Künstler, nationale Ideale zu vertreten, die sie allerdings in ihrer Kunst sehr differenziert interpretierten. Zur damals jungen sorbischen Künstlergeneration gehörten Měrćin Nowak-Njechorński (1900–1990), Hanka Krawcec (1901–1990), Jurij Hajna (1877–1952) und Fryco Latk (1895–1980). Gemeinsam gründeten sie 1923 die erste Vereinigung sorbischer bildender Künstler. Nowak-Njechorński entwarf das Programm für einen sorbischen Nationalstil.

1948 bildete die Gründung des Kreises sorbischer bildender Künstler, dessen erster Vorsitzender Conrad Felixmüller (1897–1977) war, eine neue Grundlage für die Entwicklung sorbischer Kunst. Ihre Einbeziehung in die Kultur- und Kunstpolitik der DDR förderte einerseits neue Talente, unterwarf sie andererseits den Ansprüchen des sozialistischen Realismus. Erst seit den siebziger Jahren vollzog Jan Buk (*1922) in der Malerei den Ausbruch aus der sorbischen Exklusivität und Enge. Durch

Maja Nagelowa
mlokowa mašina/Milchmaschine
Mischtechnik, 1994

die Befreiung von thematischen Abhängigkeiten und die Besinnung auf malerische Mittel stellt er den sorbischen Kontext in komplexe Zusammenhänge mit der modernen Welt. Sorbische Kunst erstreckt sich heute auf alle Gattungen. Bis in die Gegenwart wirken vor allem in der Illustration (Steffen Lange, *1931), im Kunsthandwerk (Wórša Lanzyna, *1928) und in der Acryl- und Ölmalerei bei Božena Nawka-Kunysz (1946–2000) Anschauungen nach, welche die sorbische Kunst in engem Sinn- und Formzusammenhang zur Volkskunst und Folklore sehen. Es setzen sich aber breitere Realitätsauffassungen durch: Jan Hanski (*1925) bedient sich in der Lackschliffmalerei intellektueller Zeichen. Dazu kommen die inhaltlichen Auslotungen in vielfältigen Landschaftsdarstellungen, bei denen das Sensuelle den Schwerpunkt bildet, aber nie Selbstzweck wird. Neben Jan Buk gilt das auch für Sophie Natuškec (*1950), Iris Brankačkowa (*1958) und Isa Bryccyna (*1963). In jüngster Zeit treten philosophische Ausdeutungen des Problems Tradition und Gegenwart bei den Sorben beispielsweise bei Maja Nagelowa (*1959) in der freien Grafik und bei Jürgen Maćij (*1953) in der Fotografie zutage. Sie sind Varianten der Bemühungen um Zeitbezogenheit und Aktualisierung überkommener Stoffe. Sorbische Motive werden in neue Zusammenhänge eingebunden, historische Darstellungskonventionen durchbrochen.

Maria Mirtschin

Musik

Ausgehend von der sozialen Struktur des sorbischen Volkes im Feudalismus, dem Fehlen einer eigenen Feudalklasse, sind für die frühe sorbische Musikkultur Volkslied und Volkstanz bestimmend. Worüber die sorbischen Leibeigenen in älterer Zeit sangen, belegen bereits im 16. Jahrhundert Gerichtsakten. Sänger wurden wegen des Vortrags »windischer Scheltlieder« verurteilt. Offensichtlich handelte es sich dabei um soziale Proteste gegen Feudalherren und Fron. Unzählige Lieder wurden in den dörflichen Singegemeinschaften der Mädchen weitergegeben.

Denkmal für Korla Awgust Kocor in Berge bei Großpostwitz

Unter dem Einfluss der Ideen Johann Gottfried Herders erwachte auch in der Lausitz das Interesse an folkloristischen Traditionen. Jan Hórčanski (1722–1799) veröffentlichte schon 1782/83 einige sorbische Lied- und Tanzmelodien. Im Jahre 1836 setzte die Oberlausitzische Gesellschaft der Wissenschaften zu Görlitz einen Preis für die beste sorbische Volksliedsammlung aus. 1841/43 erschienen die »Volkslieder der Wenden in der Ober- und Nieder-Lausitz«, gesammelt von Jan Arnošt Smoler (1816–1874) und Leopold Haupt (1797–1883).

Als sorbische Musikinstrumente galten seit dem 19. Jahrhundert die Tarakawa (ein Blasinstrument), der Dudelsack sowie die große und kleine Geige, also jene Volksmusikinstrumente, die in der Muskauer Heide ihre herkömmliche Funktion wahrten.

Nach der Aufhebung der Leibeigenschaft und mit der Entwicklung kapitalistischer Produktionsverhältnisse gelangten in zunehmendem Maße bürgerliche Verhaltensweisen ins sorbische Dorf, mit ihnen der öffentliche Tanz. Dort, wo in den neuen Sälen der Dorfgaststätten klangstarke Blaskapellen den alten Volksmusikanten ablösten, wo Vereinsfeste und Bälle neue Bedürfnisse weckten und die Tänzer »moderne« Polkas und Rheinländer forderten, gerieten viele traditionelle Tanzmelodien allmählich in Vergessenheit.

Erste Ansätze sorbischer sakraler Musik gab es nach der Reformation. Auch die sorbische Kunstmusik konnte sich erst später entwickeln. Ihr eigentlicher Begründer war Korla Awgust Kocor (1822–1904), mit dessen Namen die erste glanzvolle Epoche der sorbischen Musikgeschichte verbunden ist. Als Komponist und Organisator der sorbischen Gesangsfeste war er seit 1845 eine bedeutende Persönlichkeit der sorbischen Kulturgeschichte. Kocors Werk spiegelt den Geist des nationalen Erwachens des sorbischen Volkes in realistischer Weise wider. Er widmete sich auch der »musica sacra«, schrieb das Oratorium »Israels Leid und Trost« sowie das »Sorbische Requiem«. 1860 gründete Korla Awgust Fiedler (1835–1917), der Herausgeber des mehrfach aufgelegten »Towaršny spěwnik« (Geselliges Liederbuch), den Gesangsverein Lumir, der eigens der Aufführung Kocor'scher Vokalwerke zu dienen hatte. Hiermit war eine zweite Etappe der sorbischen Gesangsfeste eingeleitet worden, die bis 1895 dauerte. Ausgang des 19. Jahrhunderts erlangte Jurij Pilk (1858–1926) zunächst als Instrumentator Kocor'scher Lieder und Organisator der ersten sorbischen Orchesterkonzerte in Dresden (1888) Bedeutung. Er schuf neben vielen Liedbearbeitungen die Volksoperette »Smjertnica« (Die Todesgöttin), dessen konzertante Aufführung in Bautzen 1912 ein überragender Erfolg wurde.

Die Gesangsfeste waren nicht nur künstlerische Ereignisse. Sie kündeten vielmehr auch vom kulturellen Aufschwung und vom Lebenswillen des sorbischen Volkes. Durch das Beispiel des Chores Lumir angeregt, entstanden alsbald zahlreiche sorbische Volkschöre in der Oberlausitz. In der Niederlausitz kamen sorbische Gesangsfeste nicht über Anfänge hinaus. Die antisorbische Politik der preußischen Obrigkeit lähmte hier die Kulturentwicklung empfindlich.

Starken Auftrieb erhielt die Chorbewegung nach dem Ersten Weltkrieg. Die denkwürdige Sängerfahrt nach Prag 1922 führte im darauf folgenden Jahr zur Gründung des Verbandes sorbischer Gesangsvereine, dem 14 (obersorbische) Volkschöre angehörten. Eine Musikergeneration, deren führender Kopf der Musiklehrer und Komponist Bjarnat Krawc-Schneider (1861–1948) war, setzte sich durch zähe organisatorische und schöpferische Arbeit beharrlich für die Festigung des sorbischen Chorwesens ein. Nach dem ersten Hauptdirigenten Jurij Słodeńk (1873–1945) übernahm 1934 Jurij Winar (1909–1991) diese Funktion, bis mit der Auflösung des Verbandes durch die Nationalsozialisten 1937 auch das Musikleben zum Erliegen kam.

Der Aufbau des sorbischen Musiklebens nach dem Zweiten Weltkrieg ist das Verdienst Jurij Winars. Die ersten viel beachteten Nachkriegskonzerte, insbesondere die Wiederaufführung des bekanntesten Oratoriums »Nalěćo« (Der Frühling) von Korla Awgust Kocor und Handrij Zejler sind mit seinem Namen verbunden.

Sorbisches Folkloreensemble Schleife

Er gründete 1952 das noch heute bestehende Sorbische National-Ensemble, das seit seiner Gründung auch Auftraggeber vieler musikalischer Neuschöpfungen ist. Für jüngere Zuschauer entstanden zum Beispiel die Ballett-Märchen »Die Abenteuer des Pumpot«, »Kito hušličkar/Kito und die Tanzfiedel« und in den letzten Jahren die Musicals »Myška w mróčelach/Ein Traum vom Fliegen« und »Kradnjena króna/Die gestohlene Krone«. Große Aufmerksamkeit erfuhren die abendfüllenden Programme für Chor, Ballett und Orchester »Počasy/Die Jahreszeiten« und »Fantazija na Lubinje/Das Jahr der Könige«.

Die mittlere, den zeitgenössischen Gestaltungsproblemen aufgeschlossene sorbische Komponistengeneration vertreten

Jan Rawp (*1928), Jan Bulank (1931–2002), Jan Pawoł Nagel (1934–1997) und Alfons Janca (1933–1989). Während Rawp neben Kammermusik vor allem Orchesterwerke schrieb, kennzeichnen Bulanks Schaffen Vokalwerke und viele Volksliedbearbeitungen, aber auch die Erarbeitung von Orchesterfassungen einiger Werke Kocors. Nagel schrieb symphonische Musik, Chor- und Orchesterlieder, Volksliedbearbeitungen und Orgelwerke. Von Janca sind neben Ballettmusiken wie »Spreewaldfahrt/Reja čołmarjow« vor allem Bearbeitungen von Volksliedern für das Sorbische Folkloreensemble Schleife bekannt, das er 1973 mit begründete.

Zur nachfolgenden sorbischen Komponistengeneration gehören Detlef Kobjela (*1944), Juro Mětšk (*1954), Ulrich Pogoda (*1954), Jan Cyž (*1955) und neuerdings auch die Pianistin und Musikverlegerin Liana Bertók (*1959). Unter ihrer Leitung erschienen in den letzten Jahren zahlreiche CD-Editionen sorbischer Komponisten.

Einen festen Platz der Nachwuchsförderung nimmt die Redaktion des ORB, seit Mai 2003 RBB, Radio Berlin/Brandenburg, in Cottbus mit seinen jährlichen viel beachteten Konzerten junger Interpreten ein. Unter der Leitung von Friedemann Böhme, Kantor und Organist am Dom St. Petri, widmet sich das Sorbische Jugendensemble am Sorbischen Gymnasium in Bautzen erfolgreich sorbischem wie auch internationalem Liedgut. Der Sorbische Künstlerbund ist das Podium für die Interpretation neuer Werke.

Das sorbische Musikleben in der Ober- und Niederlausitz wird traditionell vom Chorschaffen getragen und vom Bund sorbischer Gesangvereine vertreten. Davon zeugen neben den Programmen des Sorbischen National-Ensembles auch die Herbst- und Weihnachtskonzerte sorbischer Laienchöre in zahlreichen ländlichen Gemeinden sowie gemeinsame Konzertaufführungen.

Jan Raupp, Jurij Wuschansky

Traditionen und Bräuche

Interessierten Besuchern der Ober- und Niederlausitz bieten sich das ganze Jahr über vielfache Möglichkeiten, die Pflege sorbischer/wendischer Sitten und Bräuche in den Dörfern mitzuerleben. Viele dieser heute noch lebendigen Bräuche sind vorchristlichen Ursprungs und haben somit eine jahrhundertelange Tradition. Als Ausdruck der Kultur und Lebensweise sowie auch der Selbsterhaltung der nationalen Eigenarten der Sorben/Wenden wurden sie bewahrt und weiterentwickelt.

Zapust in Werben

Innerhalb der breiten Vielfalt der Vorfrühlings- und Frühlingsbräuche, Sommer- und Erntebräuche sowie Weihnachtsbräuche gibt es territoriale Unterschiede, die meist durch die verschiedenen Konfessionen bedingt sind.

Von den Frauen und Mädchen werden zur Brauchpflege die oft mit bunten Stickereien verzierten Festtrachten angelegt und das auch in Regionen, in denen die Volkstrachten nicht mehr alltäglich getragen werden.

Das Brauchtumsjahr beginnt am 25. Januar mit der Vogelhochzeit, die bei den Lausitzer Kindern sehr populär ist. Die ursprünglichen Speiseopfer an die Ahnengeister sind heute kleine Geschenke in Form von Süßigkeiten und Gebäck, mit denen sich die Vögel für die Fütterung im Winter bedanken.

Die meisten Jahresbräuche sind jedoch überlieferte Höhepunkte aus dem ländlichen Arbeitsjahr. So endeten mit dem Zapust – der niedersorbischen Fastnacht – als bedeutendstem Fest des Winterhalbjahres die abendlichen Arbeitstätigkeiten in den Spinnstuben. Noch heute wird der Zapust in der Niederlausitz drei Tage lang gefeiert. Beim Zampern ziehen die verkleideten Heischegänger von Haus zu Haus und sammeln Eier, Speck und Geld ein. Während des Festumzugs der Trachtenpaare am Sonnabend oder Sonntag werden unter Anteilnahme einer breiten Öffentlichkeit wichtige Personen des Dorfes mit einem Besuch und einem Tänzchen geehrt. Einige Tage später findet dann das Eieressen statt. Beim Fastnachtstanz sollten die Mädchen früher stets recht hoch springen, damit der Flachs gut gedeihe und recht lang wachse.

Auch in anderen Brauchhandlungen widerspiegelt sich die ursprünglich enge Verbindung mit dem Arbeitsleben der Dorfgemeinschaft. So sollte z. B. das frische Grün des Maibaums, welcher in vielen Orten der Lausitz zum 1. Mai aufgestellt wird, oder auch das Osterwasser, welches in der Nacht zum Ostersonntag heimlich von den Mädchen geschöpft wurde, Fruchtbarkeit in das Dorf und für die Ernte bringen und Misswuchs sowie jegliche Krankheit von Mensch und Tier fernhalten.

Derlei Aberglaube weist auf die heidnischen Wurzeln vieler Bräuche hin. Reinigende und zauberkräftige Wirkung schrieb man dem Feuer zu. Noch heute werden in der Osternacht überall in der Niederlausitz von den Jugendlichen Osterfeuer angezündet, wogegen in der Mittel- und Oberlausitz in der Walpurgisnacht »Hexenbrennen« die Gegend weithin erleuchten.

Wittichenauer Osterreiterprozession

Von den Ostereiern sollten befruchtende Kräfte ausgehen. Besonders beliebt beim Verzieren bunter Ostereier ist die Wachsreservetechnik, auch die Ätz- und Kratztechnik sowie das Bossieren sind verbreitet. Zu den Geschenken, die die Kinder früher zu Ostern von ihren Paten holten, gehörten immer verzierte Eier.

Auch das Osterreiten am Ostersonntag – Prozessionen zu Pferde, die von der Auferstehung Jesu Christi künden – entstand aus vorchristlichen Flurumgängen und -umritten, um bereits die junge Saat zum Schutz der Ernte mit einem magischen Kreis zu umgeben.

Im Sommer finden nach eingebrachter Ernte auf den abgeernteten Getreidefeldern vieler Niederlausitzer Dörfer Hahnschlagen – eine Art Topfschlagen mit dem Dreschflegel – oder Hahnrupfen statt. Bei Letzterem reiten die Burschen durch ein mit Eichenlaub geschmücktes Tor und ermitteln beim Erhaschen der Flügel und des Kopfes eines toten Hahns den Erntekönig. Wichtig war früher, dass der Hahn als Fruchtbarkeitssymbol »vernichtet« werden musste, damit er für die nächste Wachstumsperiode neue Kräfte sammeln konnte.

Zu den Sommer- und Erntebräuchen zählen auch Stolle-, Stoppel- und Johannisreiten sowie das Kranzstechen – heute Reiterspiele der Jugendlichen.

In der Vorweihnachtszeit werden in einigen Orten der Mittel- und Niederlausitz die Kinder von verhüllten, mit den kostbarsten Trachtenteilen bekleideten Bescherkindern (Christkind) besucht und mit kleinen Geschenken bedacht.

In den katholischen Gegenden der Oberlausitz stehen viele Traditionen in Verbindung mit kirchlichen Handlungen. Osterreiten, Wallfahrten, Fronleichnam und religiöse Familienbräuche werden durch die katholische sorbische Bevölkerung intensiv bewahrt.

Insgesamt verlieren jedoch Bräuche aus dem Familienleben wie Hochzeiten oder Taufen immer mehr an Bedeutung. Einige Vereine und Interessengruppen haben sich die Pflege und Darstellung solcher Traditionen zur Aufgabe gemacht. Sie rekonstruieren Brauchhandlungen, Trachtenvarianten, Sprüche, Lieder, Tänze und bewahren somit wertvolles Kulturgut.

Sabine Sieg

Über sorbische Volkstrachten

Noch um die Mitte des 19. Jahrhunderts trug die gesamte weibliche Dorfbevölkerung der Ober- und Niederlausitz die sorbische Volkstracht. Bis in die Gegenwart sind diese Trachtengebiete zu vier Regionaltrachten zusammengeschmolzen, zu denen noch einige Trachtenreste kommen. Zu den vier Trachtenregionen, in denen bis heute die Tracht noch täglich von älteren Frauen angelegt wird, gehören: die Tracht um Cottbus, die Tracht des Kirchspiels Schleife, die Tracht um Hoyerswerda und die Tracht der katholischen Sorben. Trachtenreste finden sich in den Gebieten

Mädchen-und Frauentracht aus Leipe im Spreewald

um Neu Zauche, um Lübbenau, zwischen Cottbus und Spremberg, in Nochten sowie im Gebiet der ehemaligen evangelischen Tracht des Bautzener Landes.

Das Hauptverbreitungsgebiet der Tracht um Cottbus liegt in der Stadt Cottbus sowie im Spree-Neiße-Kreis und reicht in den Oberspreewald - Lausitz-Kreis hinein. Seit Anfang des 20. Jahrhunderts macht sich bei dieser Tracht eine Nivellierung bemerkbar, die auf städtisch-bürgerlichen Einfluss zurückgeht. Besonders kommt das bei der Wahl der Stoffe und deren Farben zu den einzelnen Trachtenteilen zum Ausdruck. Nur in den Röcken sind kräftige Farben bewahrt geblieben. Charakteristisch für diese Tracht ist das große Kopftuch, dessen Form örtlich variiert. Zu überdimen-

Kirchgängerinnen in Schleifer Tracht

Mutterstellvertreterin zur Hochzeit in Hoyerswerdaer Tracht

sionaler Größe hat es sich in der Spreewaldgemeinde Burg entwickelt, wozu auch der Fremdenverkehr beigetragen hat. Die Trachtenteile werden durch Flachstickereien verziert. Ursprüngliche und deshalb reizvolle Motive haben sich in den Weißstickereien erhalten. Die zur Hochzeit und Kindtaufe üblichen Festtrachten, die ab den zwanziger Jahren des 20. Jahrhunderts durch vereinfachte Formen abgelöst wurden, waren in stärkerem Maße volkskünstlerisch gestaltet.

Die Schleifer Tracht wird in sieben Ortschaften des Kirchspiels Schleife im Niederschlesischen Oberlausitz-Kreis getragen. Sie zeigt vor allem in den Ausgangs- und Tanztrachten der Mädchen eine starke Farbigkeit. Charakteristisch ist die hochgezogene Taille, die der Gestalt ein gedrungenes Aussehen verleiht. Sehr reizvoll sind die roten Häubchen der unverheirateten Mädchen. Zur

Herstellung der Tracht werden als Grundmaterial Woll- und Leinenstoffe verwendet. Bei der Ausgestaltung spielt der Blaudruck eine größere Rolle. Einige Trachtenteile werden durch Kreuzstichstickereien in interessanten Motiven sowie durch weiße Lochstickereien und Durchzugsarbeiten verziert. Bei den in ihrer Gesamtheit schlicht wirkenden Festtrachten finden sich Lammfellverbrämungen, Seidenschürzen und ein typischer Kopfputz teilweise mit bunten Glasperlen geschmückt.

Die Tracht um Hoyerswerda wird in 24 Ortschaften um die gleichnamige Stadt getragen. Hauptsächlich werden zu ihrer Herstellung Woll- und Baumwollstoffe sowie Leinen verwendet. In den festlichen Trachten finden sich aber auch Seide und Tüll. Beliebt sind klare und leuchtende Farben, was besonders in den Tanztrachten der Mädchen und jungen Frauen zum Ausdruck kommt. Eine große Rolle spielt gleichfalls der Blaudruck. Sehr stark ausgeprägt ist der Symbolwert der Tracht, weshalb sie als die variantenreichste aller sorbischen Volkstrachten gilt. Sind die Grundtrachten im gesamten Gebiet fast einheitlich, so weisen die Festtrachten sehr starke Variierungen auf, mit denen sich die einzelnen Kirchspiele voneinander unterscheiden. Da echter Schmuck in der Vergangenheit für die Bevölkerung der Heidegebiete unerschwinglich war, wurde er durch Glasperlen und Flitter imitiert. Die volkskünstlerische Auszier besteht aus bunten Kreuzstich- und Flachstickereien sowie weißen Tüll- und Lochstickereien. Letztere werden in reichem Maße vor allem zur Ausgestaltung der Festtrachten verwendet.

Das Verbreitungsgebiet der Tracht der katholischen Sorben deckt sich mit den Grenzen der katholischen Kirchspiele in den Kreisen Bautzen und Kamenz. Bedingt durch die allgemein ökonomische Besserstellung dieser Gegend finden hier schon seit langem Industriestoffe wie Tuche, Seide, gute Wollstoffe und sogar Pelze zur Herstellung der Tracht Verwendung. Die starke kirchliche Beeinflussung kommt in den strengeren Formen und dunkleren Farben vor allem der Kirchgangstrachten zum Ausdruck. Dagegen sind die Tanz- und Festtrachten aufgelockerter

Katholische Sorbinnen in Sonn- und Festtagstracht

und farbenfreudiger. Die Braut- und Brautjungferntracht zieren kostbare Münzgehänge, Perlennetze und -ketten. Verschiedene Trachtenteile werden durch Flachstickereien volkskünstlerisch verziert. Archaische Züge haben sich in den weißen Umhüllungen der Prozessions- und Trauertrachten erhalten.

Die Trachtenpflege obliegt den in den letzten Jahren neu gegründeten Trachtenvereinen sowie Kulturgruppen. In der Niederlausitz und um Hoyerswerda werden Trachten in stärkerem Maße hauptsächlich bei Brauchtumsfesten getragen, im katholischen Gebiet bei kirchlichen Hochfesten und Prozessionen. Größere Bestände an sorbischen Trachten in Ausstellungen befinden sich im Sorbischen Museum in Bautzen, im Wendischen Museum in Cottbus, im Museum für Sächsische Volkskunst in Dresden sowie in den zahlreichen Heimatmuseen und Heimatstuben in der gesamten Lausitz.

Lotar Balke

Reise durch das Land der Sorben

Stadtrundgang in Bautzen

Wer sich für das heutige Leben der Sorben interessiert, sollte seine Rundreise durch die zweisprachige Lausitz im tausendjährigen Bautzen/Budyšin beginnen. Die Spreestadt ist das politische und geistig-kulturelle Zentrum des kleinen slawischen Volkes. Seit Jahrhunderten leben hier Deutsche und Sorben gemeinsam. Um 1500 waren etwa ein Drittel der Stadtbewohner Sorben. Die bis 1868 amtlich Budissin genannte Stadt bildete

Blick von der Friedensbrücke auf die Bautzener Altstadt

ab 1845 mit ihren sorbischen Gesangsfesten, der wissenschaftlich-kulturellen Gesellschaft Maćica Serbska, dem 1904 eingeweihten Wendischen Haus auf dem Lauengraben (1945 vernichtet) den sorbischen kulturellen Mittelpunkt.

Das malerische Alt-Bautzen mit der Ortenburg, dem Simultan-Dom St. Petri, den vielen Türmen und hunderten denkmalgeschützten restaurierten Bürgerhäusern auf einem Granitfelsen hoch über der Spree gelegen, verzaubert mit seiner Stadtansicht jeden Besucher. Der sorbische Stadtrundgang beginnt am Postplatz, wo seit 1956 das neue Haus der Sorben steht. In diesem Gebäude haben die Domowina, die Stiftung für das sorbische Volk und einige sorbische Vereine ihren Sitz, das Sorbische Rundfunkstudio des MDR seine Senderäume.

Alljährlich am fünften Wochenende vor Ostern lockt der Sorbische Ostereiermarkt tausende Besucher ins Haus. Sie können über 40 bekannten Ostereiermalern zuschauen, wie diese die farbigen Eier in den vier traditionellen Techniken verzieren.

Sorbische Ostereiermärkte

Nach dem Bautzener finden weitere Ostereiermärkte statt: am dritten Wochenende vor Ostern in der Lausitzhalle Hoyerswerda und am zweiten Sonntag vor Ostern im Sorbischen Kulturzentrum Schleife. Ferner finden in Lübbenau, Cottbus, am Wochenende vor Ostern in Neuwiese bei Hoyerswerda, am Palmsonntag in Halbendorf bei Schleife, Karfreitag im Spremberger Schloss und Ostersonnabend im Kulturhaus Weißwasser regionale Eiermärkte statt. Sorbische Eiermaler zeigen zu Ostern und in den Tagen davor in Bautzen in der Sorbischen Kulturinformation, im Sorbischen Museum, in der Tourist-Information sowie in den Museen und Informationen in Kamenz, Hoyerswerda, Markersdorf, Dissen und Cottbus (Wendisches Museum und »Lodka«) ihre Kunst.

Wochentags erfahren Bautzen-Besucher in der Sorbischen Kulturinformation im Erdgeschoss des Hauses der Sorben Wissenswertes über das kleine slawische Volk und interessante

Besuchsziele. Unweit des Sorbischen Cafés befindet sich die Smoler'sche Verlagsbuchhandlung mit ihrem umfangreichen Angebot an sorbischer Literatur und Büchern über die Sorben und die Lausitz.

Das Deutsch-Sorbische Volkstheater bietet seinen Zuschauern Schauspiele und Puppentheateraufführungen in deutscher wie auch in ober- und niedersorbischer Sprache. Die Sorbische Kindertagesstätte »Jan Radyserb-Wjela« feiert mit Liedern und Tänzen am 25. Januar gemeinsam mit Besuchern die Vogelhochzeit. Das Sorbische National-Ensemble am Lauenturm erfreut im Januar und Februar ein breites Publikum nicht nur in Bautzen mit seinem Kinder- und Abendprogramm zur Vogelhochzeit.

Einen lebendigen Einblick in die Kultur, Geschichte und Gegenwart des kleinsten slawischen Volkes gewährt das Sorbische Museum täglich auf der Ortenburg. Die Galerie sorbischer bildender Künstler, Figurinen mit verschiedenen Volkstrachten, umfangreiche Sammlungen zur Vergangenheit, Lebensweise und Literatur sowie der große Festsaal sind Attraktionen des Museums.

Sorbischen katholischen Gottesdienst feiern die Gläubigen sonntags um 9 Uhr in der Liebfrauenkirche gegenüber dem schiefen Reichenturm. Am Ostersonntag wird hier um 10.45 Uhr die Bautzener Osterreiterprozession ausgesegnet, die sich dann über die Friedensbrücke und Kleinwelka nach Radibor begibt. Von dort kehren die Reiter über die Seidau gegen 16.30 Uhr zum Dom St. Petri zurück.

Am ersten Sonntag des Monats wird in der 1498 erbauten Kirche St. Michael (bei der Alten Wasserkunst) sorbischer evangelischer Gottesdienst gehalten. Am Gotteshaus steht ein 1983 enthülltes sorbischsprachiges Denkmal, gewidmet Martin Luther und den »eifrigen Förderern der Verkündung des Gotteswortes in sorbischer Sprache«. Im Pfarrhaus ist auch der Sitz des sorbischen Superintendenten und des Sorbischen Kirchgemeindeverbands.

Auf dem 1405 angelegten katholischen Nikolaifriedhof mit der Ruine der 1634 zerstörten gotischen Kirche stehen viele Grabmäler sorbischer Persönlichkeiten. Auf dem gegenüber liegenden Protschenberg zieht am Ostersonntag der wieder belebte Brauch des Bautzener Eierschiebens tausende Gäste an. Auf dem dortigen Friedhof sowie dem Taucher- und Michaelisfriedhof sind weitere sorbische Grabstätten.

Der Wendische Turm, der Wendische Graben und die Wendische Straße erinnern an das einstige sorbische Stadtviertel. Eine Büste auf der benachbarten Kornstraße gedenkt eines der berühmtesten Söhne dieses Viertels, des Universalgelehrten Caspar Peucer (1525–1602). Nur wenige Schritte weiter lädt die sorbische Gaststätte »Wjelbik« zum Verweilen ein. Unter einem 600 Jahre alten Gewölbe (sorb. wjelbik) servieren Kellnerinnen in sorbischer katholischer Tracht Spezialitäten der Region. Sorbische Speisen können ferner im nahen Grubschütz in den Gaststätten »Zur guten Einkehr« und »Spreetal« genossen werden.

Wo das Sorbische dominiert

Wer das heutige Leben der Sorben kennen lernen will, sollte zuerst der katholischen sorbischen Lausitz einen Besuch abstatten. Im Dreieck zwischen den Städten Bautzen, Kamenz und Hoyerswerda sind in neun Pfarrgemeinden mit 85 Dörfern rund 15 000 sorbische katholische Gläubige zu Hause. Ihre Muttersprache ist in den Familien, in der Öffentlichkeit, in Geschäften und Gaststätten, in Kindergärten und Schulen die vorrangige Umgangssprache. Auf dem Zweiten Vatikanischen Konzil (1962–1965) wurde Sorbisch als Liturgiesprache anerkannt. In Bautzen sowie in Crostwitz, Radibor, Sdier, Storcha, Ostro, Nebelschütz, Panschwitz-Kuckau, Rosenthal, Wittichenau und Ralbitz werden sorbische Gottesdienste gefeiert. Ein öffentliches Bekenntnis zum katholischen Glauben und zum Sorbentum ist die von älteren Frauen täglich getragene Tracht. Zu Feiertagen ziehen auch jüngere Frauen und Mädchen die Festtracht an, zur Prozession

Kloster St. Marienstern in Panschwitz-Kuckau

am Fronleichnam – Donnerstag wie auch am darauf folgenden Sonntag – sind viele Mädchen in der Brautjungferntracht (družka) zu sehen. Auch zu Wallfahrten nach Rosenthal, zur Erstkommunion, Firmung und anderen würdigen Anlässen tragen junge Mädchen diese festliche Tracht.

Die Vogelhochzeit feiern hier zumeist die Kleinen aus den Kindergärten und Grundschulen als sorbisch-katholische Hochzeitsgesellschaft in entsprechenden Minitrachten mit einem Umzug durchs Dorf. Den Maibaumwipfel schmückt in fast allen Dörfern die sorbische Fahne. Das Maibaumwerfen ist mit einem Tanz um den Baum verbunden, die Mädchen tragen dazu häufig die festliche Tanztracht.

Neun Osterreiterprozessionen

Weit bekannt ist das Osterreiten am Ostersonntag in den katholischen Gemeinden. Festlich gekleidete Männer in Gehrock und Zylinder auf geschmückten Pferden reiten in Prozessionen von ihrer Kirche zum Gotteshaus in der benachbarten Pfarrgemeinde und begeben sich dann auf einer anderen Strecke zurück nach Hause. Dabei singen die Osterreiter sorbische Kirchenlieder, beten in ihrer Muttersprache und verkünden so die frohe Botschaft der Auferstehung Christi.

In Radibor, nördlich von Bautzen, kann der Besucher sogar drei Prozessionen erleben. Hier gibt es auch drei Kirchen. Im Altarraum der 1496 geweihten Alten Pfarrkirche befindet sich ein Museum sakraler Kunst. Gedenkstätten im Ort erinnern an zwei Radiborer Antifaschisten, an den am 3. Februar 1943 im KZ Dachau ermordeten Kaplan Alojs Andricki, dessen Prozess der Seligsprechung eingeleitet wurde, sowie eine Büste und der Name der Sorbischen Grund- und Mittelschule an die 1944 im KZ Ravensbrück getötete Dr. Marja Grólmusec. Westlich von Radibor nahe Schmochtitz grüßen auf einem Hügel die überlebensgroßen Figuren der Slawenapostel und Mitpatrone Europas, die heiligen Cyrill und Methodius. Der polnische Künstler Darosław Bagiński aus Lublin schuf dieses im Jahre 2000 geweihte Kunstwerk.

Das seit 1248 bestehende Kloster St. Marienstern mit der gotischen Kirche und der Schatzkammer in Panschwitz-Kuckau ist ein sehenswertes Reiseziel. Im Dorf gibt es ein Museum für den hier geborenen sorbischen Dichter Jakub Bart-Ćišinski in der nach ihm benannten Schule. Sein Denkmal steht im idyllischen Lippe-Tal hinter dem Kloster.

Von dem berühmten Doppel-Burgwall bei Ostro kann der Besucher weit ins Land schauen. Crostwitz mit seinem 1772 geweihten Gotteshaus ist die Metropole des katholischen Sorbentums und Mittelpunkt der mit 5 000 Gläubigen größten sorbischen Pfarrgemeinde. Alle zwei Jahre ist Crostwitz zu Anfang der Sommerferien Gastgeber des Internationalen Folklorefestivals »Łužica/Lausitz«. Alljährlich im Juli lädt der Kirchort Nebelschütz zum Internationalen Gemeindefest ein. Die Marienwallfahrtskirche Rosenthal (in der Nähe das Trachtengeschäft von Maria Rehor) und das Gotteshaus in Ralbitz mit dem einmaligen Friedhof mit seinen einheitlichen weißen Grabkreuzen sind weitere Sehenswürdigkeiten. Sorbische Küche bieten in dieser Region die Gaststätten »Lipa« in Lehndorf, »Klosterstube« in Panschwitz-Kuckau, Biesold in Dreikretscham, das Sportlerheim in Horka, »Meja« in Radibor und »Am Urzoo« in Kleinwelka an.

Im Bautzener Land

Ledige Patinnen in der Brautjungferntracht der evangelischen Sorben um Bautzen

In den vorwiegend evangelischen Dörfern des Bautzener Landes sind heute die Sorben in der Minderheit. Bräuche und Traditionen werden jedoch auch hier gepflegt wie das Maibaumstellen und -werfen und die Vogelhochzeit. In der Tracht der evangelischen Sorben des Bautzener Landes ziehen Kinder des WITAJ-Kindergartens Malschwitz als Hochzeitszug durch den Ort. Die Hexenfeuer lodern am Walpurgisabend in den meisten Dörfern um Bautzen wie auch im sorbisch-katholischen Gebiet. Auf dem Bautzener Schützenplatz bieten Schüler der Sorbischen Grund- und Mittelschule zum Hexenbrennen ein Kulturprogramm dar. Im nahen Kirchort Göda an der B 6 gestalten Schauspieler des Deutsch-Sorbischen Volkstheaters Bautzen am 30. April einen fiktiven satirischen Gerichtsprozess. Eine Hexe mit wechselnden sorbischen Namen wie »Stara wjera« wird als Verursacherin allen Übels in der Kommune angeklagt und als Strohpuppe dem Flammentod übergeben.

Museen bedeutender Persönlichkeiten

Das nach dem sorbischen Komponisten Korla Awgust Kocor benannte Schulmuseum in Wartha an der Olba, wo dieser von 1842 bis 1852 als Dorfschullehrer wirkte, lohnt einen Besuch. Im ehemaligen Klassenraum mit dem Mobiliar um 1900 wird eine damalige Schulstunde eindrucksvoll erlebbar.

In Nechern bei Weißenberg lädt das Martin-Nowak-Neumann-Haus/Dom Měrćina Nowaka-Njechorńskeho mit dem Atelier des Malers zum Besuch ein. Im Fachwerkwohnhaus informiert eine Ausstellung über die evangelischen Sorben östlich Bautzens. Der alte Dorfladen und die »schwarze Küche« der Eltern des Künstlers, die original erhaltene Wohnstube, Bücher wie sein »Meister Krabat« und Arbeiten aus seiner Feder sowie die Sammlung wertvoller Handstickereien seiner Schwestern gehören zu den Unikaten. Das Neumann-Haus und die alte Schule in Wartha sind Schlüsselmuseen (Anmeldung in der Bautzener Sorbischen Kulturinformation).

In Lohsa nördlich von Bautzen ist die alte Schule als Zejler-Smoler-Haus eingerichtet worden, eine Ausstellung erinnert an die beiden sorbischen Literaten des 19. Jahrhunderts, Handrij Zejler und Jan Arnošt Smoler, die im Ort als Pfarrer wirkten bzw. hier ihre Kindheit verbrachten.

Martin-Nowak-Neumann-Haus in Nechern

Sorbische Impressionen und Krabatweg

In der Stadt Weißenberg mit dem sehenswerten Museum der Alten Pfefferküchlerei beginnt die mit einem Lindenblatt gekennzeichnete Touristenroute »Sorbische Impressionen«. Sie führt über Nechern, Wartha, Quatitz, Radibor, Neschwitz nach Eutrich, dem Geburtsort des »guten sorbischen Zauberers Krabat«. Hier kreuzt sie den Krabatweg, der von Nebelschütz weiter nach Königswartha und Groß Särchen führt, wo Krabat im Gasthof »Zum Schwan« gestorben sein soll. Weiter geht es ins benachbarte Wittichenau, auf dem Marktplatz erinnert eine Stele an Krabat. In der Wittichenauer Pfarrkirche wurde der am 29. Mai 1704 verstorbene kroatische Reiteroberst und Besitzer von Groß Särchen, Johann von Schadowitz – das historische Vorbild Krabats – beigesetzt. Der insgesamt 72 Kilometer lange Krabatweg führt dann nach Schwarzkollm bei Hoyerswerda. Hier soll der junge Krabat in der Schwarzen Mühle seine Zauberkünste erworben haben. Der schöne Dorfanger mit dem Krabatbrunnen, der Ortsteil Koselbruch, die Heimatstube und der hiesige Krabatverein mit Tanzgruppe und Chor halten die Erinnerung an ihn wach.

Hoyerswerdaer Trachten kennen 60 Varianten

Im benachbarten Bröthen findet alljährlich am dritten Augustwochenende ein Dorffest mit folkloristischen Darbietungen der sorbischen Volkskunstgruppen aus dem Ort und aus Schwarzkollm statt. Die Bröthener Heimatstube dokumentiert mit alten Geräten die Flachs- und Milchverarbeitung, die früheren Arbeits- und Lebensweisen der hiesigen Sorben sowie die Vielfalt ihrer Trachten.

Im seit 1926 bestehenden Hoyerswerdaer Sorbischen Trachtenhaus Jatzwauck gibt es außer der Trachtenschneiderei auch eine jährlich wechselnde Ausstellung mit einer Auswahl der insgesamt 60 Varianten dieser Tracht. Im Heimatmuseum im nahen Schloss zeigt die Sorbenstube Trachten, Geräte zur Flachsverarbeitung und Blaudruckexponate. An die Gründung der Domowina 1912 erinnern vor der jetzigen »Kulturfabrik« zwischen Markt und Schloss eine Gedenktafel und eine Stele mit Lindenblatt.

In Seidewinkel lädt der sorbische gemischte Chor am ersten Mittwoch im Juli zum Singen unter der Friedenseiche ein. Sorbische Kultur und bäuerliche Traditionen bietet das dortige Sommerfest »Essen am Feldrain«. Zampern mit Fastnachtstanz, zu dem die Frauen und Mädchen ihre sorbische Tracht tragen, können sie in Seidewinkel, Bergen, Bluno, Neustadt, Zeißig, Schwarzkollm und Sabrodt erleben. In Bergen erwartet die 250 Jahre alte Schrotholzscheune der Familie Pattoka mit einer Volkskunstausstellung ihre Besucher. Der sorbische Gründonnerstag ist hier

Maibaumwerfen in Bluno

ein besonderes Erlebnis. Sorbische bäuerliche Traditionen und Exponate erleben sie im Gehöft Zschieschang. Den einst im ganzen Trachtengebiet verbreiteten Kartoffelball feiert man nur noch im November in Bergen. Das Stoppelreiten nach der Getreideernte pflegt die Dorfjugend in Spohla, Dörgenhausen und Kleinpartwitz. Das Ostereiermuseum in Sabrodt mit bunten sorbischen Eiern, Trachten und Stickereien wird nicht nur zur Osterzeit gern besucht. In Neustadt/Spree erwartet sie die Gaststätte »Sorbenscheune« mit heimischen Speisen und einer Trachtenschau sowie zum Fastnachtstanz am Sonnabend nach Aschermittwoch. Auch das Landhotel »An der Mühle« Neuwiese serviert Speisen der Region.

Schleifer Kirchspiel mit Dudelsack und Ostersängerinnen

Das benachbarte, nur sieben Dörfer zählende Kirchspiel Schleife ist das kleinste sorbische Gebiet. Hier wird ein eigenständiger Dialekt gesprochen und eine besondere Singweise – das »kehlig klingende Singen« – vom Sorbischen Folkloreensemble Schleife, dem dortigen Schülerensemble und der Singegruppe »Kantorki« gepflegt. Sorbische Volksinstrumente wie der Dudelsack, die kleine und die große dreisaitige Geige erklingen in deren Programmen und auf vielen Festen. Zur Fastnachtszeit wird in allen Dörfern gezampert. Das Ostereiermalen ist hier Familientradition. In Rohne und Schleife singen in der Nacht zum Ostersonntag die Kantorki in traditioneller Tracht vor den Gehöften sorbische Kirchenlieder der Passionszeit.

Besonders herausgeputzt und mit zahlreichen bunten Bändern verziert ist die Tracht des Christkindes (dźěćetko). Mit verhülltem Gesicht ging es einst in der Adventszeit von Haus zu Haus, jedes der sieben Orte des Kirchspiels hat ein eigenes Christkind mit unterschiedlicher Tracht.

Sorbisches Kulturzentrum Schleife

Das Sorbische Kulturzentrum Schleife zeigt eine Sammlung von über 80 Trachtenpuppen aller hiesigen Varianten, einschließlich der sieben Christkinder und der »halbdeutschen« Tracht sowie zahlreiche Figurinen mit Originaltrachten. Im Saal gestalten die Kulturgruppen des Gebietes vierteljährlich vier Abendprogramme mit Darstellungen der Frühlings-, Ernte-, Kirmes- und Adventsbräuche und ihrer Trachten sowie eine Schleifer sorbische Hochzeit. Ferner gibt es ein Treffen der Trachtenträgerinnen und ein internationales Dudelsackfestival. Volkskunstausstellungen und Brotbacken im Holzbackofen sind weitere Attraktionen. Die Gaststätte »Zur Schlangenkrone« bietet sorbische Küche an.

In der gotische Kirche von Schleife sind Fresken mit sorbischer Tracht zu erkennen. Im benachbarten Rohne erwarten eine

Sorbische Volkskünstlerinnen in Schleife

Sorbische Heimatstube mit Mobiliar und Trachten der Heidebauern sowie das Schrotholzgehöft des dort geborenen Volksdichters Hanzo Nepila (1766–1856) mit Ausstellungen die Besucher.

Zapust und Hahnrupfen in der Niederlausitz

In der brandenburgischen Niederlausitz gehören die Stadt Cottbus und über 60 Dörfer in den Kreisen Spree-Neiße, Oberspreewald-Lausitz und Dahme-Spreewald zum zweisprachigen Gebiet. Die Niedersorben nennen sich in ihrer Muttersprache »Serby« (Sorben) und ihre Sprache »serbski«. In der deutschen Sprache bezeichnen sich aber viele von ihnen gern als Wenden und ihre Sprache als wendisch. Der Name Wenden kommt aus dem Lateinischen und wurde im Mittelalter von den Deutschen als Bezeichnung für die benachbarten slawischen Völker verwandt. In den o. g. Kreisen tragen noch in vielen Dörfern ältere Frauen täglich die niedersorbische Tracht, oft fälschlich als »Spreewaldtracht« bezeichnet. Fast jedes Mädchen und jede jüngere Frau in den etwa 45 Dörfern rund um Cottbus und zwischen Vetschau und Heinersbrück, in denen der Zapust gepflegt wird, besitzt eine entsprechende Festtracht. Nur in ihr können sie in der Fastnachtszeit am fröhlichen Zapust und am folgenden Tanz teilnehmen. Besonders in Drachhausen, Sielow, Dissen, Tauer, Jänschwalde, Striesow, Burg und Werben (hier tragen alle Mädchen die große Haube) können sie große Zapust-Umzüge der Jugend an Sonntagen oder Sonnabenden vom Januar bis März erleben.

In etwa 25 Dörfern pflegt die Jugend nach der Ernte das Hahnrupfen hoch zu Ross oder das Hahnschlagen und das Froschkarren der Mädchen. Große Reiterfeste mit Stollen- und Ringreiten gibt es in Raddusch und Neuzauche. Nur in Casel bei Drebkau findet am dritten Junisonntag das Johannisreiten statt. Über 30 Folkloreensembles, Chöre, Musik-, Trachten- und Tanzvereine pflegen in der Niederlausitz die sorbische Kultur.

Das Cottbuser Wendische Haus/Serbski dom nahe dem Staatstheater beherbergt u. a. das Regionalbüro der Domowina und die Sorbische Kulturinformation »Lodka« (Truhe). Ihre Kabinettausstellungen informieren über Bräuche und Dorffeste. Empfehlenswert sind die Feste in Burg, Dissen, Drachhausen, Jänschwalde, Leipe, das Museumsfest am dritten Augustwochenende in Lehde und die Spreewaldfestspiele mit Kahnkorso in Lübbenau und Lübben. Das Wendische Museum in Cottbus, die Museen in Lübbenau, Lehde, Dissen, die Heimatstuben in Jänschwalde und Heinersbrück, die Sorbische Webstube in Drebkau informieren umfangreich über die Sorben/Wenden. Die Gotteshäuser in Briesen (Fresken mit sorbischem Dudelsackspieler), Dissen mit sorbischen Inschriften, Burg mit Trachtenkirchgang zu Ostern, die

Im Freilandmuseum Lehde

Wendische Klosterkirche aus dem 14. Jahrhundert in Cottbus sind sehenswert. Ein Unikat ist die Wendisch-Deutsche Doppelkirche in Vetschau. Touristische Zentren mit Kahnfahrt im Spreewald sind Burg, Lübbenau, Lübben, Lehde, Leipe, Raddusch und Schlepzig. Eine rekonstruierte slawische Burgwallanlage ist in Raddusch zu besichtigen.

Manfred Ladusch

Ausgewählte Adressen zu »Reise durch das Land der Sorben«

Bautzen

Haus der Sorben/Serbski dom
Postplatz 2
02625 Bautzen
Tel: 03591/550202 (Domowina)
Fax: 03591/42408
E-Mail: Domowina@t-online.de

Sorbische Kulturinformation/Serbska kulturna informacija
Postplatz 2
02625 Bautzen
Tel: 03591/42105,
Fax: 03591/42811
E-Mail: sorben-stiftung-ski@t-online.de

Smoler'sche Verlagsbuchhandlung/Smolerjec kniharnja
Kurt-Pchalek-Straße 20
02625 Bautzen
Tel: 03591/42232
Fax: 03591/531646
E-Mail: DomowinaVerlag@t-online.de

Deutsch-Sorbisches Volkstheater/Němsko-Serbske ludowe dźiwadło
Seminarstraße 12
02625 Bautzen
Tel: 03591/584270
Fax: 03591/584278

Sorbisches National-Ensemble/Serbski ludowy ansambl
Äußere Lauenstraße 2
02625 Bautzen
Tel: 03591/3580
Fax: 03591/43096

Sorbisches Museum/Serbski muzej
Ortenburg 3–5
02625 Bautzen
Tel: 03591/42403
Fax: 03591/42425

Katholisches Dompfarramt St. Petri/Tachantska fara swj. Pětra
An der Petrikirche 7
02625 Bautzen
Tel: 03591/31180

Sorbischer Superintendent/Serbski superintendent
Wendischer Kirchhof 1
02625 Bautzen
Tel: 03591/42201

Katholische Lausitz

Kloster St. Marienstern/Klóšter Marijina hwězda
Ćišinskistraße 35
01920 Panschwitz-Kuckau
Tel: 035796/9930

Ernährungs-und Kräuterzentrum im Kloster St. Marienstern
Centrum za zežiwjenje a zela
Tel: 035796/95117

Pfarrei Heilige Apostel Simon und Juda
Wosada swjateju Symana a Judy
Zejlerstraße 2
01920 Crostwitz
Tel: 035796/80400

Sorbisches Trachtengeschäft/Serbske narodne drasty a suweněry
Maria Rehor
Am Marienbrunnen 18
01920 Rosenthal
Tel: 035796/95967

Bautzener Land

Schulmuseum »Korla Awgust Kocor« in Wartha
Šulski muzej »Korla Awgust Kocor« w Stróži
02694 Guttau
Vermittlung/Gruppenbesuch über Sorbische Kulturinformation Bautzen
Schlüssel erhältlich in Gaststätte »Olbastübl« oder Verkaufsstelle in Wartha an der Olba

Martin-Nowak-Neumann-Haus
Dom Měrćina Nowaka-Njechorńskeho
02627 Nechern/Weißenberg
Anmeldung über Sorbische Kulturinfomation Bautzen
Schlüssel für Einzelbesucher bei Nachbarin Frau Schulze

Museum »Alte Pfefferküchlerei«/Muzej »Stara poprjancarnja«
August-Bebel-Platz 3
02627 Weißenberg
Tel/Fax: 035876/40429

Hoyerswerdaer Gebiet

Zejler-Smoler-Haus/Dom Zejlerja a Smolerja
Am Markt 7
02999 Lohsa
Tel: 035724/50256

Trachtenhaus Johann Jatzwauk/Wjacsławkec Serbski drastowy dom
Senftenberger Straße 19
02977 Hoyerswerda
Tel: 03571/416550

Heimatstube Bröthen/Domizniska stwa Brětnja
Bürgerhaus
02977 Hoyerswerda/OT Bröthen
Anmeldung: Max Donath
Schäferweg 13
Tel: 03571/416628

Stadtmuseum Schloss Hoyerswerda/Měšćanski muzej Hród Wojerecy
Schlossplatz 1
02977 Hoyerswerda
Tel: 03571/456490
Fax: 03571/456490

Schrotholzscheune in Bergen/Patokec bróžeń na Horach
Birgit Pattoka
Am Anger 43
02979 Elsterheide-Bergen
Tel: 03571/405697

Sorbisches Bauernmuseum/Serbski burski muzej
Fam. Zschieschang
Am Anger 11
02979 Elsterheide-Bergen
Tel: 03571/928322

Ostereiermuseum Sabrodt/Muzej jutrownych jejkow Zabrod
Dorothea Tschöke
Dorfstraße 41
02979 Elsterheide-Sabrodt
Tel: 03564/3180038
www.ostereiermuseum.de

Schul- und Heimatstube Tätzschwitz/Šulska a domizniska stwa Ptačecy
Martina Petschick
Wasaweg 14
02979 Elsterheide-Tätzschwitz
Tel: 035722/37831

Schleifer Kirchspiel

Sorbisches Kulturzentrum Schleife/Serbski kulturny centrum Slepo
Friedensstraße 65
02959 Schleife
Tel: 035773/77230
Fax: 035773/77233

Sorbische Bauernstube Rohne/Serbska burska śpa Rowno
Dorfstraße 53
02959 Schleife-Rohne
Anmeldung: Erich Platzk, Dorfstraße 11
Tel: 035773/76214

Cottbus und Niederlausitz

Wendisches Haus/Serbski dom
August-Bebel-Str. 82
03046 Cottbus
Tel: 0355/48576 (Domowina)
Fax: 0355/48576433

Sorbische Kulturinformation »Lodka«
Serbska kulturna informacija »Lodka«
August-Bebel-Str. 82
03046 Cottbus
Tel: 0355/791110
Fax: 0355/700885
E-Mail: sorben-stiftung-lodka @t-online.de.

Wendisches Museum/Serbski muzej
Mühlenstraße 12
03046 Cottbus
Tel: 0355/794930
Fax: 0355/701275

Spreewald-Museum Lübbenau/Lehde
Błotojski muzej Lubnjow/Lědy
Topfmarkt 12
03222 Lübbenau
Tel: 03542/2472
Fax: 03542/403425

Heimatmuseum Dissen/Domowniski muzej Dešno
Hauptstraße 32
03096 Dissen
Tel: 035606/256
Fax: 035606/237

Sorbische Webstube Drebkau/Serbska tkajarska śpa Drjowk
Markt 10
03116 Drebkau
Tel: 035602/747 (Dr. Lotar Balke)
oder 035602/22159